古代歷史文化研究輯刊

七 編

王 明 蓀 主編

第18冊

湖南新政（1895-1898）
與近代中國政治文化論述之形成

羅 皓 星 著

國家圖書館出版品預行編目資料

湖南新政（1895-1898）與近代中國政治文化論述之形成／羅皓星 著 — 初版 — 新北市：花木蘭文化出版社，2012〔民 101〕

目 2+144 面；19×26 公分

（古代歷史文化研究輯刊 七編；第 18 冊）

ISBN：978-986-254-828-8（精裝）

1. 中國政治思想 2. 清末新政 3. 晚清史

618　　　　　　　　　　　　　　　　101002893

ISBN-978-986-254-828-8

古代歷史文化研究輯刊

七 編 第十八冊　　　　　ISBN：978-986-254-828-8

湖南新政（1895-1898）與近代中國政治文化論述之形成

作　　者　羅皓星

主　　編　王明蓀

總 編 輯　杜潔祥

出　　版　花木蘭文化出版社

發 行 所　花木蘭文化出版社

發 行 人　高小娟

聯絡地址　新北市永和區中正路五九五號七樓

　　　　　電話：02-2923-1455／傳真：02-2923-1452

網　　址　http://www.huamulan.tw 信箱 sut81518@gmail.com

印　　刷　普羅文化出版廣告事業

初　　版　2012 年 3 月

定　　價　七編 24 冊（精裝）新台幣 38,000 元

湖南新政（1895-1898）
與近代中國政治文化論述之形成

羅皓星　著

作者簡介

羅皓星，澳門人，臺灣政治大學歷史學系碩士。碩士論文題目為湖南新政（1895～1898）與近代中國之政治文化，本書即為碩士論文所修改而成。近年關懷之領域為地域視野下的中日關係史。

提　要

　　本論文將重新探討湖南新政的實際成效與其形象的塑造過程。在現今的學界中，對湖南新政的認識受限於維新人士的觀點。往往停留在「新舊之爭」上。此觀點往往過於僵化，侷限研究者的視野。在這種歷史認識的限制下，研究者沒法解釋當時錯綜複雜的歷史事實，故只有去熟悉化，以不同的眼光去重新書寫這段歷史，重新還原當時之歷史時空，才能找回失去的歷史知識。

　　本論文會先探討地方官吏在湖南新政中的角色與貢獻。江標、陳寶箴、張之洞等人在湖南新政中所扮演的角色相當重要，惟後人對其的認識，往往是經過維新人士而來，因而不免與歷史事實有所落差。所以，重新研究地方官吏的角色，則有助於重新檢討湖南新政之形成過程及對中國近代政治文化所造成之影響。

　　在以往的研究中，對於湖南保衛局在湖南新政的影響力，缺乏深入的研究。事實上，在湖南新政的主事者看來，湖南保衛局是為湖南新政成敗之關鍵。本論文將探討湖南保衛局的興起與頓挫，其重點將放在湖南保衛局的構想之形成，在其實行過程中所遇到之困難，以此作為了解湖南新政的一個側面。在湖南保衛局施行過程中，不同人士都對於保衛局的實行有所討論，亦對於其有所批評。而從保衛局的實施過程中，可以證明這些批評有其道理。不過，由於受到「新舊之爭」思維的影響，後人對於這些批評者，多視其為「守舊」，因而對其言論多以負面眼光看待。事實上，這些批評者也是推動新政的主力。但是，在後來的歷史論述中，往往忽略這些史事。究其原因，與湖南士人之間的論爭有所關連。而這亦是決定湖南新政前途的重要關鍵。

　　所以，本論文將分析湖南士人之間論爭之起因，以及論爭的經過。在此過程中，不同士人之間因各種原因而產生矛盾與衝突，從而使得湖南新政遭受衝擊。這些衝擊有的來自於湖南士人本身，也有一些是來自於省外。而這些衝擊，很大程度上與康有為有相當密切之關連。湖南新政與戊戌變法在本質上就有所不同，而康有為一派意圖影響湖南新政的發展，引來不少士人的反彈。因此，士人之間開始出現分歧。而反對康有為一方之人士，往往援引省外反對康有為的言論作為思想資源，以抗衡康學，以拿回新政的主導權。因此，他們所反對的，只是康有為一派的康學，而非針對西學或新政。

　　因此，從當時的歷史時空看來，參與論爭的雙方在思想上均沒有太大的分別。他們對於西學，都抱持接納的態度；在新政的事務上，他們都有所參與。但在後人看來，王先謙等人被貼上「守舊」的標籤。因此，這種觀點如何形成？本身就是一個值得探討的課題。所以，本論文將探討當時人如何看待湖南新政，並從而形成中國近代政治文化的其中一種特色。在當事人看來，湖南新政並沒有因戊戌政變而中止，在後來仍有所延續。而在日本當時的言論看來，湖南士人並沒有所謂的新舊之別。革命黨人和立憲黨人都以湖南新政作為他們的政治本錢，因而塑造一種「新舊之爭」的氛圍。在報刊等傳播媒介的推動下，這種「新舊之爭」成為當時人的歷史想像，並成為後人對於該段歷史的集體記憶，從而構成了中國近代的政治文化。

目次

第一章　緒　論

一、研究動機與論題旨趣

在 1927 年 4 月 11 日，在湖南行事作風頗具爭議的葉德輝，遭控以鼓動帝制等罪，被槍決而死。在四年後，胡適應葉德輝之徒——近代中國語言學權威楊樹達的邀請，為葉德輝的遺墨題詩：

郋園老人不怕死，槍口指胸算什麼！

生平談命三十年，總算今天輪到我。

殺我者誰？共產黨，我若當權還一樣。

當年誓要殺康梁，看來同是糊塗帳。

你們殺我我大笑，我認你們作同調。

三十年中是與非，一樣殺人來"翼教"。〔註1〕

在胡適的按語中，云「戊戌變法時代，葉德輝與王先謙代表湖南的反動思想，攻擊康梁的革新運動，其議論見於《翼教叢編》。」從現在中國近代史的書寫來說，胡適的按語完全正確，更符合一般人對戊戌維新的認識。不過，這種論點真能反映史實嗎？

從現在學界的觀點來看：戊戌前後，誠為中國近代史上的一個重要分水嶺。從思想文化的角度而言，在這段時期大量思想資源的進入中國，使得中國思想界的面貌出現巨大的轉變。〔註2〕隨著這些思想資源的滲入，西方的政

〔註 1〕 胡適，《胡適的日記》（臺北：遠流出流社，1989～1990），第 10 冊，1931 年 6 月 18 日記；亦可見：《胡適全集》（合肥：安徽教育出版社，2003），第 10 卷，312。

〔註 2〕 關於「思想資源」（Intellectual Resources）之定義，可參見：王汎森，〈戊戌

治思想開始爲中國知識份子所接受，在他們所提出的政治思想，都有西方政治理論的影子。﹝註3﹞思想內涵的變動，進而引發出另一種變化：紳士階層的分化與對立。由於一小部分士紳（如唐才常、譚嗣同等人）開始質疑皇權體制，引起其他恪守皇權思想的士紳激烈抗爭，致使形成所謂的「新舊之爭」。這次鬥爭也間接動搖了中央皇權在地方的社會基礎。在此之後，清朝政局一轉爲激烈之態勢。這都是習以爲常的歷史敘述。

　　學界對於湖南新政，亦往往視之爲戊戌變法的重要一部分；而在探討士人之間的紛爭時，亦以新、舊兩種對立的概念加以區分。這種區分，本身即會使人具有先入爲主的感覺。例如，論者會把湖南新政的失敗視爲戊戌維新的指標，並對於主張新政的士人予以同情，而對於堅持傳統思想的士紳加以批判，認爲他們延誤了中國「現代化」的步伐。﹝註4﹞此種區分，往往有以偏概全之嫌。因爲，當時的人們對於湖南新政諸多措施的討論，都有其特定的歷史脈絡和政治文化背景。研究者往往從新舊對立的表面現象觀察當時的歷史場景，忽略了雙方是在同一個平台上開展論辯。

　　對於湖南新政的始末，當事人之一——作爲當時維新派大將的梁啓超，在事後就有以下的回憶：

> 已而嗣同與黃遵憲、熊希齡等，設時務學堂於長沙：聘啓超主講席，唐才常等爲助教。……時學生皆住舍，不與外通，堂內空氣日日激變，外間莫或知之，及年假，諸生歸省，出箚記示親友，全湘大譁，

前後思想資源的變化：以日本因素爲例〉，收於王汎森，《中國近代思想與學術的系譜》（臺北：聯經出版公司，2003），181～194。在文中，他把晚清以來不斷進入中國的新知識，視爲一種思想上的資源，「人們靠著這些資源來思考、整理、構築他們的生活世界」，而「人們是透過它們在想事情」。潘光哲則在其觀點作進一步的詮釋，可見：潘光哲，〈晚清中國的民主想像〉，《二十一世紀》，67（香港，2001年10月），66～70；在該文中，他認爲：「隨著中國人對於西學知識的不斷接收，中國人對於西方民主傳統的面向與內容，認識也愈來愈多樣，理解愈發加深，對於如何因應中國內部的多重問題，也得到可以激起多樣思考的「思想資源」。」同時也可見：潘光哲，〈追索晚清閱讀史的一些想法——「知識倉庫」、「思想資源」與「概念變遷」〉，《新史學》，16：3（臺北，2005年9月），137～170。本文對「思想資源」概念的理解，多受益於以上三篇文章，特此說明。

﹝註3﹞ 張玉法（編），《劍橋中國史・晚清篇（下），1800～1911》（臺北：南天書局，1987），301～312。

﹝註4﹞ 張朋園，《中國現代化的區域研究：湖南省（1860～1916）》（臺北：中央研究院近代史研究所，1982），370。

先是嗣同才常等，設南學會聚講，又設《湘報》日刊、《湘學報》旬
刊，所言雖不及學堂中激烈，實陰相策應；……於是湖南新舊派大
鬨。葉德輝著《翼教叢編》數十萬言，將康有爲所著啓超所批學生
箚記，及《時務報》、《湘報》、《湘學報》諸論文，逐條痛斥；而張
之洞亦著《勸學篇》，旨趣略同。〔註5〕

他總結湖南新舊之爭的歷史遺產時，是有如此的看法：

自時務學堂、南學會等既開後，湖南民智驟開，士氣大昌，各縣州
府私立學校紛紛並起，小學會尤盛。人人皆能言政治之公理，愛國
相砥礪，以救亡爲己任，其英俊沈毅之才，徧地皆是；其人皆在二
三十歲之間，無科第，無官階，聲名未顯著，而其數不可算計。自
此以往，雖守舊者日事遏抑，然而野火燒不盡，春風吹又生，湖南
之士志不可奪矣。雖全國瓜分，而湖南亡後之圖，亦己有端緒矣。

〔註6〕

梁啓超關於湖南新政的論述，廣爲時人所接受，例如在 1905 年出版的其中一
期《警鐘日報》有一篇關於湖南的報道，即云：「頑固黨以排擠新學，傾陷志
士爲目的；戊戌、庚子之變皆彼黨構成之。」〔註7〕該文即把王先謙等人視爲
「頑固黨」之代表人物。若單從以上史料作依據，則吾人必會認爲新、舊二
黨之人物，彼此必定不相往來，且形成水火不容之勢。不過，梁啓超的眞實
想法，似乎與今人之想像有所差距。李肖聃提供了一段富有深意的文字記載：

民國三年春，予爲司法部秘書，時長沙王葵園閣學猶在，梁任公語
予：「吾于先生，特學派不同耳。人固當修敬老輩，子爲作書候之。」
予爲屬稿云：「葵園先生閣下：不見君子，遂已廿年。遠望湘天，企
想何已！啓超昔在上海作《時務報》，先生掌教岳麓，手諭諸生購閱，
稱爲憂時君子發憤而作也。厥後受聘貴省，主講學堂。先生召客會
宴，華筵既設，佐以笙歌。如登春台，亦既醉飽。意氣勤懇，相待
甚厚。何圖入都以後，先生過聽浮言，謂某張公羊之師法，行逆天

〔註 5〕 梁啓超，《清代學術概論》（臺北：臺灣商務印書館，1994），140～141。
〔註 6〕 梁啓超，〈戊戌政變記〉，收於中國史學會（編），《戊戌變法》，第 2 集（上海：
　　　　中國史學會，2000），303～304。
〔註 7〕 〈地方新聞（湖南：新劣黨爭執之一班）〉，《警鐘日報》，1905 年 1 月 15 日，
　　　　收於羅家倫（主編），《警鐘日報》，第 5 冊（臺北：中國國民黨中央委員會黨
　　　　史史料編纂委員會，1968），3022。

之邪說。夫齊學所述，自有師承。劭公所注，亦具義法。先生今學
名輩，豈爲若輩所欺？其時某在京師，未由面對。政變而作，被放
在外，先生著文斥爲大逆。拳拳之忠，不能自列，使某外受敵黨之
詬，内遭老輩之排，可至痛也」！〔註8〕

這段記載梁啓超在不同時期有關湖南新政言論的文字，足可刺激對當時場
景的思考：是否眞的隨著梁啓超的到來，才會令湖南出現重大的變化呢？
所謂的新舊之爭，是否眞的如梁啓超所言那麼激烈呢？或是如李肖聃所記
載的：因爲王先謙對梁啓超等人有所誤會，才會促成新舊之爭呢？兩相對
照之下，吾人不禁要問：兩方在思想和行爲上的差異，是否如今人所想像
的巨大呢？

　　如果參考「守舊派」人士的說法，則對於湖南新政的經過，則有完全不
同的說法。例如楊樹達在〈郋園學行記〉中對葉德輝的生平有以下說法：

甲午義寧陳公寶箴撫湘，在未爲湘撫前以河南罷職歸，僑寓湘中，
即與相識。公子伯嚴考功三立同官吏部，往來亦頗相親。陳公一意
主張變法自強，二三新進少年遂乘隙而入，繼而南學會、時務學堂
同時並舉，學說乖謬，湘中者舊皆不謂然。吾師著書詰難，是要有
《翼教叢編》之作。說者謂戊戌之變，肇端於湖南。陳公罷歸，聞
猶時時引爲深恨，則固未嘗不服吾師先見之明已。〔註9〕

楊樹達的描述，與梁啓超在公開言論場合上的論述完全不同，更與現在的
歷史描述不盡相同。若回顧楊樹達此人之生平，則會發現他的另一個身份：
湖南時務學堂的學生，且與江標等湖南新政之主事者有所深交。〔註10〕那
麼，爲何在其筆下，對於湖南新政有如此之描述呢？這種現象，值得加以
探索。

　　所以，本研究主要希望釐清對新、舊之爭中兩方論點的討論，重新檢視
新舊之爭的具體情形。可以發現：所謂的新、舊之爭，只是清末政治論述中
的產物。而這種論述，又成爲現今一般人對該段歷史的集體記憶。

〔註8〕 李肖聃，《星廬筆記》（長沙：岳麓書社，1983），64～65。
〔註9〕 崔建英（整理），〈郋園學行記〉，《近代史資料》，57（北京，1985）129～130。
〔註10〕 例如梁啓超在1929年逝世後，楊樹達就曾撰有〈時務學堂弟子祭任公師文〉，
　　　　以表其悼念之意。見：楊樹達，《積微翁回憶錄》（上海：上海古籍出版社，
　　　　2006），42。

二、研究成果和回顧評述

　　在現今對湖南新政作出全面檢討的論著，爲林能士的《清季湖南的新政運動》。林能士通過歷史背景與思想背景這方面進行全面的探討，以解釋湖南維新思想的興起。他認爲這兩種因素爲維新運動打下基礎。直至梁啓超在湖南講學，新政運動才開始轉爲激烈。後來則受到守舊士紳（如王先謙、葉德輝等）的攻擊；加上張之洞阻撓新政。致使新政失敗。不過，他指出新政與辛亥革命的關連性，則爲其較爲突出的觀點。〔註11〕許多研究也持著與他相近的觀點，王爾敏在《晚清政治思想史論》中，有專章探討湖南新政時期的南學會，就有注意到新政中各人士在思想上的差異，且注意到湘省人士對新學定義的討論。不過，王爾敏的結論依然沒法脫離林能士的觀點，而陷入「新舊之爭」的迷思。〔註12〕周麗潮則認爲：湖南在經過陳寶箴等人的經營下，已爲新學奠定基礎，更影響到清末新式學堂發展的情況；〔註13〕但對於當時的政論未有進行深入之研究。Charlton M. Lewis 則認爲：由於湖南士紳害怕康有爲的學說會影響他們的政治與社會地位，故對維新運動加以抵制。〔註14〕深澤秀男則在林能士等人研究的基礎上，對湖南所實行之新政措施（如南學會、《湘報》、時務學堂、瀏陽算學館、湖南課吏館等）、變法運動的參加者（如梁啓超、譚嗣同、唐才常等人），放在戊戌維新史的脈絡下加以探討。〔註15〕此外，亦有從梁啓超的角度去詮釋新舊之爭的論著。〔註16〕這些研究都對於湖南新政有一些卓見，惟受限於當時環境和觀念等條件下，對於湖南新政並未有更深入的探討。例如林能士承認：他當時所運用的，是由唐才常等人於維新期間所編成的《湘報類纂》。〔註17〕此書雖收錄《湘報》的精華文章，但仍有不足之處，如不按時間排序，無法讓研究者看出言論的

〔註11〕林能士，《清季湖南的新政運動（1895～1898）》（臺北：臺灣大學文學院，1972），138～139。
〔註12〕王爾敏，《晚清政治思想史論》（臺北：華世出版社，1976），101～133。
〔註13〕周麗潮，〈湖南開民智運動之研究（1895～1911）〉（臺北：政治大學歷史研究所碩士論文，1982），273。
〔註14〕Charlton M. Lewis,"The Hunanese Elite and the Reform Movement,1895～1898,"*Journal of Asian Studies*, Vol.29, No.1 （Nov., 1969）, pp. 35～42.
〔註15〕深澤秀男，《戊戌變法運動史の研究》（東京：國書刊行會，2000）。
〔註16〕可參見：亓冰峰，《清末革命與君憲的論爭》（臺北：中央研究院近代史研究所，1966），61～65；張朋園，《梁啓超與清季革命》（臺北：中央研究院近代史研究所，1969），47～80。
〔註17〕林能士，《清季湖南的新政運動（1895～1898）》，66。

轉變。因此，不免有難以一窺全貌之憾。

撇除史料的問題不論。以往的研究在研究前提上，存在著兩個值得注意的問題：一是新舊的問題，二是湖南新政與戊戌維新的關係。

如林能士的觀點，依然以「保守／維新」的二分法，把所有士人分成兩派。佐佐木保子則把湖南新政的相關人士分為兩派，一派為支持舊學的年長士紳，一派則為支持新學的開明年青士紳。〔註18〕可是，這些都是後人對他們所作的劃分。所謂的「守舊」，並非代表他們對於西學抱持排斥的態度；而是他們對於某些特定人士所主持的維新變法抱持著否定的態度，才會變成「守舊」。但就在湖南新政而言，他們的態度是肯定的。

事實上，反變法人士反對變法的動機各不相同、其激烈程度不一，殊難加以分類。例如有些反對人士對於西學抱持著肯定的態度。〔註19〕這必須從當時的思想脈絡中加以分析，才能對他們的立場有所區分。就此而言，薛化元從「中體西用」論的演變過程，去研究張之洞和湖南舊派人物（《翼教叢編》派）的思想。《翼教叢編》派思想的基本特質，是強調對「中體」不變性的肯定。〔註20〕賴溫如則以收錄當時新舊兩派論戰文字的《翼教叢編》為中心，對於當時新、舊兩派各人在教育、政治等領域的觀點作一整理，但其論點並沒突出之相處。〔註21〕因此，當探討湖南新政時，不能不對這些新、舊派人物的思想進行分析，針對他們思想的差異性（如他們所接受的思想資源、對於西學的看法等）和政治派系的取向進行分析，才能更為掌握歷史的複雜面貌。

不過，在對於反變法人物的研究中，大多未可跳脫「保守／維新」的二元對立範疇。而且，研究者大多只注意到「鉅型知識份子」（如譚嗣同、梁啟超等）思想的重要性，對於其他地方型知識份子（如歐陽中鵠、李維格、曹典球、楊昌濟、畢永年等）與所謂的舊派人物（如王先謙、葉德輝等）有所忽視，誠為前人研究中的遺珠之憾。近年亦有學者對於湖南維新運動中的其他人物進行研究；例如藤谷浩悅就對於畢永年從戊戌至庚子時期的政治活

〔註18〕佐佐木保子，〈湖南変法運動について〉，《史艸》，5（東京：日文女子大學史學研究會，1964），35～59。

〔註19〕陳鑾，〈戊戌政變時反變法人物之政治思想〉，《燕京學報》，25期（1939），59～106。

〔註20〕薛化元，《晚清中體西用思想論（1861～1900）：官定意識型態的西化理論》（臺北：稻鄉出版社，1991），163～206。

〔註21〕賴溫如，《晚清新舊學派思想之爭論：以《翼教叢編》為中心的討論》（臺北：國立臺灣師範大學國文研究所博士論文，2003）。

動，作出相當深入的探討。〔註 22〕不過，學界對於其他人物的研究，依然略有不足。

　　近年來開始有學者嘗試擺脫「保守／維新」的二分法，重新看待湖南的新舊之爭。楊念群以地域學派的概念入手，且運用當時尚未出版的楊度日記，認為嶺南學派與湖湘學派之間不相容的學風，是導致時務學堂之爭的重要原因。〔註 23〕羅志田的兩篇文章，更代表著學者對突破這些侷限的努力。羅志田在〈近代湖南區域文化與戊戌新舊之爭〉一文，對於林能士的觀點加以修正。他認為：湖南新政的興起，主要在於學政自上而下地，以利祿之途導引。〔註 24〕以往論者所謂的「湘人的自覺精神」，並不是促成湖南新政的主要因素。羅志田亦對於梁啟超論湖南「既維新又保守」的說法有所異議。他利用對教務教案檔的研究，指出湖南的排外風氣與其他省份相比之下，並不算特出。他認為，一個地區的開放與排外與否，與新政的推行情況談不上太大的關係。〔註 25〕因此，羅志田指出：地方官吏的積極態度，實為湖南新政得以發展之關鍵。〔註 26〕

　　羅志田另有專文對於湖南守舊派的領袖人物王先謙與葉德輝進行分析。在他看來，王、葉二人在一定程度上都接受西學，並非全然反對變法。〔註 27〕羅志田的觀點，給與後來的研究者相當重要的啟示：在看待晚近歷史人物時，不能單以「守舊／維新」的二分法來區分。這樣一來，歷史的書寫邏輯只會成為「史家的邏輯」，而非史實的邏輯了。〔註 28〕羅志田只是提出新中有舊的觀點，在思維邏輯上還是沒法擺脫新舊的概念；不過，羅志田的確提出一些不同的看法，例如他指出：戊戌時期的政治環境，一直延續到民國時期；這使研究者能

〔註 22〕藤谷浩悦，〈戊戌變法と畢永年：湖南維新派の思想と行動〉，《駒澤史學》，64（東京，2005 年 6 月），64～88。

〔註 23〕楊念群，《儒學地域化的近代形態——三大知識群群體的互動比較研究》（北京：生活・讀書・新知三聯書店，1997），504～546。

〔註 24〕羅志田，〈近代湖南區域文化與戊戌新舊之爭〉，收於羅志田，《權勢轉移：近代中國的思想、社會與學術》（武漢：湖北人民出版社，1999），95。

〔註 25〕羅志田，〈近代湖南區域文化與戊戌新舊之爭〉，收於羅志田，《權勢轉移：近代中國的思想、社會與學術》，106。

〔註 26〕羅志田，〈近代湖南區域文化與戊戌新舊之爭〉，收於羅志田，《權勢轉移：近代中國的思想、社會與學術》，107～114。

〔註 27〕羅志田，〈思想觀念與社會角色的錯位：戊戌前後湖南新舊之爭再思〉，收於羅志田，《權勢轉移：近代中國的思想、社會與學術》，115～160。

〔註 28〕王汎森，〈中國近代思想文史研究的若干思考〉，《新史學》，14：4（臺北，2003 年 12 月），185～187。

把視野拓寬，進而能對於近代中國的諸多歷史現象有著不一樣的理解。

就此而言，對於所謂「守舊派」人士思想資源的分析，就變得更有意義。潘光哲對於《翼教叢編》中王仁俊〈實學平議卷一・民主駁議〉一文進行考證，指出王仁俊從馬建忠、曾紀澤等人的著作得到支援，以作爲他們「反民主想像」的批判武器。〔註 29〕此種看法能給予以研究者一些啓發，從而重新思考「守舊／維新」的二分法，是否存在缺陷。因爲所有士人都能接收同樣之思想資源，而非全然抗拒。那麼，促使他們反對／支持變法的動機，就值得後人重新加以檢討。如要細察此問題，就必須先檢討湖南新政與戊戌變法的關連性。總括而言，羅志田的研究，爲湖南新政的再研究，提供可供探索的新方向。

現在對湖南新政的研究成果，往往把其視爲戊戌變法的一部分。〔註 30〕因而過度強調梁啓超等人在湖南新政所扮演之角色。可是，這種觀點沒法解釋許多史事：例如湖南巡撫陳寶箴在湖南新政的角色，就是一例。在當時的情形而言，陳寶箴對於湖南新政的發展，實有舉足輕重之作用。在梁啓超到湖南以前，湖南新政已有相當之成就。陳寶箴、江標等地方官吏的角色佔有相當重要的地位。與此同時，其他士紳在新政推行過程亦有所建樹。他們在政治的態度上與康有爲、梁啓超等亦非全然相似。而在戊戌維新的推動上，康有爲佔有極大的地位。然而，康有爲對於湖南新政並沒太大之影響力。因此，應該把湖南新政與戊戌維新有所區別，方能對於湖南新政有較貼近史實的看法。

由於在研究上，受到梁啓超等人言論的影響，論者往往忽略了湖南新政的實際運作情形，保衛局就是一例。以往的研究較少針對保衛局作出討論，事實上，保衛局一直是政治論爭的焦點之一。在關於新政的討論中，雙方的焦點往往集中在團練和保衛局之間的優劣。黃遵憲就極力推崇保衛局的重要性，謂其「誠使官民合力，聽民之籌費，許民之襄辦，則地方自治之規模，隱寓於其中，而民智從此而開，民權亦從此而伸」；他認爲「以民衛民，以民保民，此局昉之於中國，他日大同之盛，太平之治，必且推行於東西各國也。」〔註 31〕唐才常

〔註 29〕潘光哲，〈近代中國的民主想像（1837～1895）〉（臺北：國立臺灣大學歷史研究所博士論文，2001），352～353。

〔註 30〕如馬勇把湖南新政視爲百日維新的「局部試驗」，並認爲是對康梁等人維新思想發展的回應。見：馬勇，《中國近代通史》，第 4 卷（南京：江蘇人民出版社，2006），164～213。

〔註 31〕黃遵憲致梁啓超（七），收於黃遵憲（撰），《黃遵憲集》，下集（天津：天津

亦認爲，保衛局是爲「一切政法之根原也。」〔註32〕所以，支持新政之士人對保衛局寄予厚望，認爲其爲新政實施的基礎。因此，探討保衛局之形成與頓挫，亦作爲探討湖南新政的一個側面。

湖南新政的影響，並不單單在湖南一地。唐才常、譚嗣同等人的活動範圍和影響力，不僅限於湖南一地。通過報刊、書籍等傳播媒體的力量，唐才常等人的名聲得以爲外地的讀書人所知，進而有所交流。例如作爲康有爲重要金主的南洋華僑邱菽園就是一例。1897 年邱菽園在友人處閱讀《湘學報》，得知唐才常其人，與之通信。後來，邱菽園資助唐才常的自立會；唐才常也將其所著之《覺顚冥哉內言》寄贈邱菽園。〔註33〕此外，爲了振興當時中國的國運，湖南的趨新士人也主動向外結盟，以拯救政局。桑兵近來對於興亞會所作的研究，即指出：興亞會中不少成員，都是湖南維新派的中堅份子。興亞會雖然存在時間不長，但有助趨新士人整合，以推動清末的勤王運動。〔註34〕由此可見，在重新探討湖南新政時，有必要從全國的角度來加以觀察，才能對於湖南新政有不一樣的了解。

同時，亦不能忽略《翼教叢編》、《覺迷要錄》等書對當時士人所造成的影響。例如《翼教叢編》在當時成爲士人的閱讀書目之一。〔註35〕由此可見，湖南維新運動的影響有地方性的、亦有全國性的。因此，不能忽略湖南新政對於當時中國所具有的深刻影響；故對於湖南新政之再研究，能使吾人對於中國近代史的認識，有著不一樣的看法。

另外，外國勢力對於湖南的影響，亦不容忽視。當談到變法運動時，不能不考慮到外國的因素。從戊戌至辛亥時期，外國人對於湖南的情勢顯得相當關注，日本人尤其關注。〔註36〕通過由外人的觀點，或許能找到另

人民出版社，2003），504～505。

〔註32〕唐才常，〈論保衛局之益〉，《湘報》，第 2 期，1898 年 3 月 8 日，5a（總頁 9）。（本論文所採用之版本爲《湘報》，北京：中華書局，2006。）

〔註33〕星洲寓公來稿，〈來稿雜文：上粵督陶方帥書〉，《清議報》，第 80 冊，1901年 5 月 28 日，11a（總頁 5129）。

〔註34〕桑兵，〈「興亞會」與戊戌庚子間的中日民間結盟〉，《近代史研究》，2006：3（北京，2006 年 6 月），41～53。

〔註35〕例如福建的高鳳謙，就同時是《湘報》與《翼教叢編》的讀者。見：高鳳謙函（八）、（四八）～（五十），《汪康年師友書札》（上海：上海古籍出版社，1986～1989），（二），1620，1657～1659。

〔註36〕中村義有一系列有關晚清日本人在湖南活動之研究。他利用一位日本實業家白岩龍平（1870～1942）的日記，對於當時日本人在湖南的活動進行研究。

一個更爲廣闊的觀點。

　　湖南新政的影響力，對於晚清政局有相當大的關連。1900 年的庚子勤王，其主要成員多爲湖南時務學堂的學生；〔註 37〕辛亥革命時期，時務學堂所傳播的思想亦成爲革命黨人重要的思想資源。〔註 38〕由此可見，重新考察近代湖南政治文化的狀況，能有助於掌握近代中國歷史發展的一些線索。

三、資料和使用說明

　　相比以往之研究，本論文將以報刊、私人函札、筆記等，作爲引用之史料來源，以此來對於湖南新政及後人對湖南新政的論述之形成，進行分析。

　　當時的報刊（如《時務報》、《湘報》、《湘學新報》、《清議報》等）、各方所刊行的宣傳刊物（如《勸學篇》、《翼教叢編》、《覺迷要錄》等），甚至於清末時期的諸多報刊（如革命黨人和立憲黨人所主持之報刊或其他在市面流通的報紙）。這些刊物更能夠作爲了解當時思想環境的史料。從而令本論文能在較前人而爲廣泛的史料基礎上，更能針對各種政治上的論述作出分析。此外，當時各人之日記年譜（如王闓運、楊度、譚嗣同）〔註 39〕、私人的往來函札（如《汪康年師友書札》、《藝風堂友朋書札》等），則是探索人們的內心世界的工具。例如《汪康年師友書札》中收有汪康年與當時湖南新政的主要人物（如黃遵憲、陳三立等人）的往來書信，而繆荃蓀的《藝風堂友朋書札》亦

可參看：中村義，《辛亥革命史研究》（東京：未來社，1979）；中村義，〈辛亥革命期間的湖南省與日本〉，收於《辛亥革命與近代中國：紀念辛亥革命八十周年國際學術研討會論文集》（北京：中華書局，1994）第 2 冊，1224～1231。

〔註37〕對於庚子勤王一役中的前因後果、人事紛爭、以及對清末政局所造成的深遠影響，可參見：桑兵，《庚子勤王與晚清政局》（北京：北京大學出版社，2004）。

〔註38〕石川禎浩就曾指出：早在清末革命派提出「排滿革命論」之前，湖南維新時期的唐才常與梁啓超就已經出現類似的論點。關於石川的論點，可參看：石川禎浩，〈辛亥革命時期的種族主義與中國人類學的興起〉，收於中國史學會（編），《辛亥革命與二十世紀的中國》，中冊（北京：中央文獻出版社，2002），998～1020；石川禎浩，〈近代東アジア文明圈の成立とその共通言語——梁啓超におけら「人種」を中心に〉，收於狹間直樹（編），《西洋近代文明と中華世界：京都大學人文科學研究所 70 周年記念シンポジウム論集》（京都：京都大學學術出版會，2001），25～40。

〔註39〕又例如在研究湖南新政時所必備之材料——藏於湖北省圖書館的皮錫瑞《師伏堂日記》。以往研究者多採用《湖南歷史資料》所刊載之節錄版。近年已經整理出版。見：皮錫瑞，《師伏堂日記》（北京：國家圖書館出版社，，2009），6 冊。

收入不少王先謙、葉德輝與其往來的書信。這些信件，往往都會談論到湖南施行新政的一些情形，其中會透露一些不能公開說出的訊息。而筆記小說，則提供了不少當時人們對於湖南的描寫，例如在柴萼的《梵天廬叢錄》，則有這則對於當時「新名詞」流行情形的記載：

> 數十年，吾國文章，承受倭風最甚，向者侯官嚴復譯書，務爲高古圖騰宗法，拓都、么匿，其詞雅馴，幾如讀周秦古書；新會梁啓超主上海《時務報》，著《變法通議》，初當有意爲文，其後遂昌言以太、腦筋、中心、起點。《湘報》繼起，瀏陽唐才常、譚嗣同和之，古文家相顧惶恐。〔註40〕

由此可以讓人看到當時人們把《湘報》與《時務報》的影響力相提並論。由此可見，湖南新政的成果的確爲時人所重視。因此，通過這些筆記小說的記載，能對於當時人如何看待湖南新政，有著更寬廣的理解。此外，近年來整理出版的新史料，如《葉德輝集》等，則能使有助研究者於了解反對新政人士的觀點。此外，域外人士的記載，對於本論文之撰寫亦有莫大用處。如一些日本人士所發表的言論，以及私人日記中對於湖南新政狀況的描述，在本研究中亦有所運用。

　　因此，通過這些史料，望能從中發掘到湖南新政的不同面向，以能爲讀者在探討中國近代政治文化史時，能有不一樣的認識。

四、研究方法

　　另外，本文試圖從各方的政治論述之中，對於士人的思想資源（如他們用以支持己方觀點，所引用之書籍），進行考證，從而對於當時的思想環境，進行研究。本論文並非單純進行思想文化史之研究，而是希望通過對湖南新政的進行過程提出一些前人所未曾注意的地方。另一方面，通過對清末以降各方朸治力量如何詮釋他們心目中的湖南新政，試圖作出一些檢討，並對於其與中國近代政治文化的關連，提出一些看法。

五、章節安排

　　第二章探討地方官吏在湖南新政中的角色與貢獻。在這一章中，將探討江標、陳寶箴、張之洞等人在湖南新政中所扮演的角色，從而重新檢討湖南

〔註40〕柴萼，《梵天廬叢錄》，27 卷（上海：中華書局，1926），33～35。

新政之形成過程。

　　第三章探討湖南保衛局的興起與頓挫。本章將探討湖南保衛局的構想之形成，在其實行過程中所遇到之困難，以此作爲了解湖南新政的一個側面。

　　第四章將探討湖南士人之間的論爭。本章將分析湖南士人之間論爭的起因，在此過程中，不同士人之間因各種原因而產生矛盾與衝突，從而使得湖南新政遭受衝擊。在這個過程中，康有爲扮演著相當關鍵的角色。

　　第五章將探討新舊概念之形成過程。本章將探討當時人如何看待湖南新政，並論述在報刊等傳播媒介的推動下，湖南的「新舊之爭」如何成爲當時人的歷史想像，並成爲後人對於該段歷史的認識。

第二章　地方官吏與湖南新政之推行

　　湖南在清代中葉以來，具有相當重要之地位。鴉片戰爭後國內外形勢的轉變，加上咸、同之際的太平軍之亂，爲清朝的統治權威帶來相當程度之打擊。由於清朝國力的衰退，實無力應付內亂。地方勢力漸漸興起，進而成爲清廷賴以維持其統治力量的重要支柱。而曾國藩所主導的湘軍，則是清廷賴以平定太平天國的主力。在平定太平軍以後，湘軍的主要成員，如左宗棠等人，亦成爲推動同治中興的重要官員。〔註1〕同時，在太平天國以後，全國二十一行省之中，由湘籍人士出任督撫的有十二省，其比例超過一半。故時人有云：「我國家培養士氣二百餘年，積厚流光，因時建樹，蓋三代以來不數覯也。然天下人才之盛，尤莫如楚南。」〔註2〕因此，湖南在晚清時之重要性，實不言而喻。所以，湖南人亦開始擁有一份優越感，以身爲湖南人爲傲。

　　這份優越感形成的同時，士紳亦成爲湖南的有力階層。從十九世紀中葉起，湖南地區考取功名之紳士數目顯著的增加。由於紳士能掌握地方上的團練、書院與公共事務，故漸漸在湖南成爲一個具有影響力的階層。〔註3〕另一個原因則是湘籍官僚退休以後，回鄉生活，由於其具有崇高之威望，故亦能在地方上有相當大的影響力。例如王先謙於1890年因病辭去江蘇學政一職，回湖南休養，主講思賢講舍。思賢講舍即爲郭嵩燾成立，並由王先謙接手，並「歲釀六百金，就講舍設局刊書」〔註4〕，設立思賢書局。1893年出任城南書院主講，1894年任嶽麓書院主講。他在湖南之地位相當崇高。從王先謙的

〔註1〕　參見：Mary clabaugh Wright, *The last stand of Chinese Conservatism ： the Tung ～Chih restoration, 1862～1874* （Stanford： Stanford University Press, 1957）.

〔註2〕　毛祥麟，《對山書屋墨餘錄》（臺北：廣文書局，1991），卷三，1a。

〔註3〕　劉泱泱（編），《湖南通史近代卷》（長沙：湖南出版社，1994），281～284。

〔註4〕　王先謙，《葵園自定年譜》（臺灣：臺灣商務印書館，1978），231。

例子可以看出：士紳在湖南已經成為重要的力量，連地方官在事務上亦讓其三分。〔註5〕正如朱克敬所言：「湖南名聞天下，天下皆以為強國。久之，吏惡其害己也，爭為蜚語撼上官，而紳士所為又不能盡如前日，於是官湖南者皆以屈抑紳士為先務。」〔註6〕這情形在同治光緒年間甚為常見，形成晚清湖南地方的一種現象。

不過，在湖南新政的諸多研究之中，過於強調地方士紳的作用，而對地方官撫的研究稍嫌不足。羅志田就曾指出：地方官吏的積極態度，實為湖南新政得以發展之關鍵。〔註7〕不過，他仍然把江標、陳寶箴等人的思想與政治立場等，視為與梁啟超等維新派人士一樣的。事實上，如從當時人物的言行以至後來的記述看來，則江標、陳寶箴等人與梁啟超等人之間，實有相當之分別。他們在推行新政上，佔有相當重要的地位。因此，本章將以江標、陳寶箴、甚至被視為站在維新派對立面的張之洞作為主題，探討他們對於湖南新政所作的貢獻，從而能對於湖南維新變法運動的形成有不一樣的解釋。

第一節　江標與湖南新政思潮的萌芽

江標（1860～1899），字建霞，江蘇元和縣人。自幼喪父，得「母華太夫人授以經史大義，過目輒不忘」〔註8〕，打下了良好的學問基礎。其後，他曾投入潘祖蔭門下學習今文學。〔註9〕但對於江標影響更大的，則是晚清經學大師俞樾。俞樾在教學上培養了不少人才，如章太炎、宋恕等人，都對於晚清思潮有相當之影響力。

江標於 1889 年成進士，授翰林院編修。他曾有游歷日本之經驗，並與許多日本人士之交往甚深，如其與日人宮島誠一郎（1838～1911）結為詩友，雙方書信往來其多。其內容多為文人之間相互之心得交流。〔註10〕而這些關係

〔註5〕 在其他省份並非沒有這種情況，但是在湖南，此情況較為特殊。

〔註6〕 朱克敬，《暝庵雜識》（長沙：岳麓書社，1983），96。

〔註7〕 羅志田，〈近代湖南區域文化與戊戌新舊之爭〉，收於羅志田，《權勢轉移：近代中國的思想、社會與學術》（武漢：湖北人民出版社，1999），107～114。

〔註8〕 唐才常，〈前四品京堂湖南學政江君傳〉，收於湖南省哲學社會科學研究所（編），《唐才常集》（北京：中華書局，1980），195。

〔註9〕 支偉成，《清代樸學大師列傳》（臺北：藝文印書館，1970），639～640。

〔註10〕 關於江標與宮島誠一郎之間之書信，現收藏於日本國立國會圖書館。如江標就曾修書一封予宮島誠一郎，謂「貴國詩才，往往似我隨園、船山諸家，易近淺熟。君詩則別闢蹊徑，尤為希見。三覆回環，愛不忍釋，欽佩欽佩。」

亦可能成為他後來加入興亞會的原因。1892 年，江標因眼見俄國逐漸對中國
西北邊境造成威脅，中國人有必要對俄國有更多之認識。故在前人之基礎與
外國人之相關研究上加以延伸，「條貫系夥，略備遺忘」〔註11〕，因而寫成了
《咸同以來中俄交涉記》一書。在此書中，對於咸、同年間中俄之間的關係
與領土糾紛，如對伊犁地區的爭奪，都有相當詳細之描述。從此書的內容而
言，可見江標對於當時中國之內外形勢，都有相當程度的了解。因此，江標
得到具有使外經驗的薛福成賞識，並予以舉薦。薛福成在奏章中，稱讚江標
「研究群書，好學不倦，留心時事，志趣卓然」，故把其舉薦於朝廷，望朝廷
授以重職，並認為若能重用江標，則「必有明效。」〔註12〕不過，雖得薛福
成舉薦，江標依然未得朝廷重用。1894 年，甲午戰爭爆發，江標曾上書總署
大臣李鴻藻，云「今兵事已成，軍情萬變，然料倭人決不敢久戰，吾國不可
速和」〔註13〕，並向其獻上對日作戰方針。但是，其建議並沒有得到接納。
同年 11 月上旬，接到被任命為湖南學政之詔書，即赴湖南接掌湖南學政一職。

　　在江標擔任湖南學政的三年間，一系列措施，如以新學取士、整頓校
經書院、創立《湘學新報》等，這些措施，都為湖南新政打下相當良好的
基礎。

　　江標是由科舉體制出身的，但他對於科舉並沒有太大的好感。他認為：要
改革科舉，以適應國家的需要，故此，「莫如將算學、天文、輿地、兵法及水、
火、電、重氣、光、聲、化、礦、醫等學，創設特科，以廣取真才，或於院試
及鄉會試時與經古並行取士，廢時文為餘藝，庶幾功令變而真才出。」另外，
為了使全國士子們都有接受新學知識的「動機」，故他還建議：「欲變功令，應
先請飭下各省疆吏，於各府州縣均設官書局，專求實學諸書，兼延明格致之士，
從而開道之，由是家喻戶曉，一掃曩日迂腐委靡之習。」〔註14〕從其就任學政
時期的作為來看，在很大程度上實踐了自己之言論。

　　關於此信之全文，可參見：薛英（輯錄），〈江標致宮島信〉，《文獻》，37 卷 3
　　期（北京，1988 年 8 月），286。

〔註11〕江標，《咸同以來中俄交涉記序》，1a～2a，收於四川大學圖書館（編），《中
　　國野史集成》，46 冊（成都：巴蜀書社，1993），626～627。

〔註12〕薛福成，〈保薦疏才奏〉，《海外文編》，卷二，17a，收於《薛福成全集》，下
　　冊（臺北：廣文書局，1963）。

〔註13〕江標，〈再上李鴻藻書〉，轉引自：孔祥吉，〈江標〉，收於林增平、郭漢民編，
　　《清代人物傳稿》下編第六卷（瀋陽：遼寧人民出版社，1990），185。

〔註14〕江標，〈富強策下〉，收於求是齋（編），《皇朝經世文編五集》（臺北：文海出
　　版社，1987），卷二，104。

　　江標抵湘以後，在陳寶箴的支持下，實施一連串新的文教措施。例如大力支持瀏陽算學館之成立，以與四書院的課程相輔而行。而且，他還對地方鄉試之考試形式進行改革，如「搜取試卷中之言時務者，拔爲前列，以爲之招。」他在 1897 年 2 月的奏稿上云：「湘士本多好學，故於經古一場，分列經學、史學、掌故、輿地、詞章六類，任人擇報，類各命題，以覘平日讀書之效。」〔註15〕因此，這使得「世俗所謂怪誕者」，能在考試中「拔爲前茅」。同時，亦使全省士子開始「冀投學政之所好，不知不覺，軒然簇然，變爲一新。」〔註16〕

　　江標除在政策上大力推動新學，科舉以促成士子學習新學的「動機」外亦開始編纂一些介紹新學之書籍。此舉除可向士人們引介新學之外，另一方面亦作爲他們考取科舉時之「講義」。例如他鑑於「近之談泰西之學者，輒曰開議院之善」，故爲了使士子明瞭議院制度「其事之繁、例之嚴、法之密、語之公，非朝夕可見效者」，進而使士人明白「泰西開議院窒礙之時，更有甚於中國者。」〔註17〕故將徐建寅所譯之《德國議院章程》一書刊印，並把此書收入其所編纂的《格致精華錄》一書中。〔註 18〕此外，胡兆鸞以江標之名義編成《西學通攷》〔註19〕一書，其內容「分政、學兩大宗，學類分十六門，政類分二十門。」〔註 20〕《西學通攷》所收之內容，主要爲時人對於西學的

〔註15〕陳善偉，《唐才常年譜長編》（香港：中文大學出版社，1990），164。

〔註16〕譚嗣同，〈與徐仁鑄書〉，收於蔡尚思、方行（編），《譚嗣同全集》（北京：中華書局，1981），270。

〔註17〕江標之序言，見：徐建寅（譯），《德國議院章程》，收於江標（輯），《靈鶼閣叢書》（臺北：藝文出版社，1966）；惟江標之序言，並未收入《格致精華錄》中。

〔註18〕本文所參考之版本爲：江標（編），《格致精華錄》（出版地不詳：1897，臺北中央研究院近代史研究所郭廷以圖書館藏）。

〔註19〕江標在《西學通攷》的序言云：此書爲他把當時在中國流傳之西學知識「分別彙類，上規端臨文獻之書（即馬端臨《文獻通考》），近法儀徵（即清代今文學家劉文淇）纂詁之集，爲《西學通攷》、《西政通攷》二書，輾輾湘輈，未遑編訂。丁酉夏杪，胡生兆鸞與同志輯是書成。首學類、次政類、次教類，與使者意略有未合，然體例賅括，臚舉簡要，單砭之詣，有足多焉。」故《西學通攷》的實際編纂者實爲胡兆鸞，但爲江標所編《西學通攷》、《西政通攷》二書之合集。見：江標，〈西學通攷敘〉，頁 2a，收於胡兆鸞（編），《西學通攷》，1 冊（長沙：1897，浙江大學圖書館藏）。

〔註20〕其目錄爲：學類：格致總攷、算學攷（度量權衡坿）、重學攷、電學攷、化學攷、聲學攷、光學攷、汽學攷、天學攷、地學攷、全體學攷、動植物學攷、醫學攷、圖學攷、西文攷、西書攷（報章坿）；政類：各國疆域建置攷、各國

見解與西學書籍的的介紹。其收集之範圍相當廣泛，江標在「按試郴州」時，亦以《西學通攷》凡例命題。〔註 21〕江標致力推動以新學取士之決心之堅，可見一斑。《西學通攷》一書不單在湖南一地發行，在天津的《國聞報》，亦刊登《西學通攷》之廣告，並把其譽為「最為西學善本，亦試策有用之書也。」〔註 22〕由此可見，當時以新學取士，已成為一種風潮，而《西學通攷》則成為士子們所欲參考的書籍之一。大家皆以一睹新學書籍，以為自己考取功名之有力工具。

如欲檢視江標以新學取士之成果，則《沅湘通藝錄》可作為一個最為有力之史料。此書收集江標視學湖南三年來，鄉、會試中各考生之文章共二百多篇，誠為了解士子之新學知識的最佳史料；同時通過這本書，亦能了解湖南青年士子之思想狀況之變化。〔註 23〕

在《沅湘通藝錄》中，有不少文章即為士子表達對如何變法之構思與想法，如劉善涵〔註 24〕在〈學新法須有次第不可太驟說〉一文中，認為「今之談新法者，其弊約有二端，曰因循、曰恣戾」，認為不能全盤學習西方，須先經過一定之步驟。他認為「居今日而欲行新法，非變通學校不可」；並認為「泰西報館一門，為教養之經」，如在湖南創立報刊，則能讓人民得知「政教之得失，商務之盛衰」，「而後設議院以決壅蔽，建民廠以精製造，開礦產以暢商

世系源流攷（宗戚坿）、各國盛衰興廢攷、各國交涉攷（游歷坿）、各國和戰攷、各國民數攷、各國風土攷、各國人物攷、官制攷（議院坿）、學制攷、禮制攷、法律攷、農政攷、礦政攷、工政攷、商政攷、郵政攷、電報坿、兵政攷、船政攷；在目錄中註明：「教類續出」。見：〈西學通攷目錄〉，《西學通攷》（長沙：1897）。

〔註 21〕 陳為鎰，〈擬《西學通攷》凡例〉，《沅湘通藝錄》，《叢書集成初編》，234 冊（上海：商務印書館，1936），94。

〔註 22〕 廣告辭云：「是書係江建霞太史任湘學時，為學者編定：分政、學兩大宗，學類分十六門，政類分二十門，最為西學善本，亦試策有用之書也諸君子幸先觀為快，欲購者請到閘口風神廟間壁西學官書局售取可也西學官書局啟」見：《西學通攷》廣告辭，《國聞報》（北京：北京圖書館微縮資料，1987），第 293 號，1898 年 8 月 23 日。

〔註 23〕 不只是在晚清，《沅湘通藝錄》亦成為民國湖南文人的閱讀書籍，如錢基博云：「元和江建霞學使，余仲父光緒戊子鄉試同年也。學使之罷湖南學政而歸，過仲父，而飲以所刻《靈鶼閣叢書》。仲父則檢其中之《沅湘通藝錄》相授，課以點閱」見：錢基博，〈猛庵集序〉，收於曹典球先生誕辰 120 週年紀念會（編），《愛國教育家曹典球》（長沙：湖南大學出版社，1997），97。

〔註 24〕 關於劉善涵之生平，可參看：丁平一，《譚嗣同與維新派師友》（長沙：湖南大學出版社，2004），108～113。

源，置湘埠以達輪路，立電綫以廣消息。」〔註25〕唐才常與劉善涵一樣，認為「變通學校，最為當今急務」，「但必先立章程，使無弊竇，始克行之久遠，而學校收人才之益，兵商寓維繫之權。」〔註26〕可見兩人確有一定之見識。

另外，亦有不少文章顯露出時人對於西學之看法。他們大都認為要學習西學，中國才能富強。如劉善涵認為「格致之學，在中國為治平之根基，在西國為富強之先導。」〔註27〕「竊嘗流覽西新史諸書，考其風俗、利病、得失、盛衰之由，乃知其治亂之源、富強之本。」當然，他們的思想根源亦以「中體西用」為基本架構。例如陳璸就認為：「君民一體，上下同心，務實而戒虛，謀定而後動，此其體也；輪船、火礮、洋槍、水雷、鐵路、電線，此其用也。中國遺其體而求其用，是謂效彼之長。已居於後，然使並無此器，更何足恃，則求亦不容不急矣。」〔註28〕因此，他們還是在「中體」中接受西學，以作為富國強兵之方法。

為了更進一步落實新學的推廣，江標亦大力整頓湖南一地之書院，由唐才常與譚嗣同等人主辦的瀏陽興算館就是一例。唐才常與其師歐陽中鵠、譚嗣同等人合夥在瀏陽籌辦南臺書院，並意欲從上海格致書院購買各種新學書籍，及儀器數種，以供當地士人觀摩。不過，此提議並不為當地官員所接納。最後，在江標支持下，才把瀏陽南臺書院改為算學館，並以南臺書院全年千餘緡經費作為算學館之用。〔註29〕瀏陽算學館之設立，對湖南新政之開展，有著重要的意義。江標還對於校經學院進行改革，並在其內設立校經學會。校經學會一共分列三門：算學、輿地、方言，由仕紳負責管理學會之一切事務，〔註30〕使校經學院成為湖南全省首開風氣的新式書院。其後，許多書院亦改採新制，如兩湖書院則規定「經學、史學、地圖、算學四門，皆致用必需之學，缺一不可」，故學生需「四門兼習。」〔註31〕由於書院制度的改革，士子得以能接受系統式的新學訓練。從而為

〔註25〕 劉善涵，〈學新法須有次第不可太驟說〉，《沅湘通藝錄》，234 冊，119～120。
〔註26〕 唐才常，〈擬游歷例言〉，《沅湘通藝錄》，234 冊，102。
〔註27〕 劉善涵，〈知創不如巧述論〉，《沅湘通藝錄》，234 冊，139。
〔註28〕 陳璸，〈守舊不如圖新論〉，《沅湘通藝錄》，234 冊，143～144。
〔註29〕 陳善偉，《唐才常年譜長編》，164。
〔註30〕 〈校經書院學會章程〉，《湘學新報》，2 冊（1897 年 5 月 2 日），收於《湘學新報》，第一冊（臺北：華文書局，1967），243。
〔註31〕 〈新定兩湖書院學規課程〉，《湘學新報》，7 冊（1897 年 6 月 20 日），收於《湘學新報》，第一冊，261。

接受維新變法，作好了思想上的準備。

　　另外，江標亦力主創辦《湘學新報》，《湘學新報》於 1897 年 4 月於長沙創刊，每十天出刊一次。該報由江標、黃遵憲任督辦，並邀請唐才常等人主編。江標並特別向朝廷「請旨撥給學租餘銀，每年五百兩」〔註 32〕，以作為其營運的成本。《湘學新報》每期綫裝一冊，約 30 頁，近二萬字，售價一百文。（在二十期以後，改稱為《湘學報》。）《湘學新報》的辦報方針為「講求中西有用諸學，爭自濯磨、以明教養、以圖富強、以存遺種、以維宙合。」，其主旨為「不談朝政，不議官常」，《湘學新報》之內容，可分為：史學、掌故、輿地、算學、商學、交涉等六類，「每學首列總說一篇，次為問答，以疏通之義，取切近詞屏枝葉，祇求有當學者云爾。」〔註 33〕由此可見，江標等人把《湘學新報》定位為一份介紹新知識的「學術性」刊物。通過這份刊物，新學之知識得以更容易為士人所接收，亦能為人所重視。

　　在內容的編排上，《湘學新報》起著介紹西學書籍的中介作用。如在每期的「書目提要」一欄中，介紹不少當時流行的譯著，如馬建忠的《適可齋紀言紀行》、魏源的《海國圖志》等；另外，亦介紹一些記載歐洲歷史的書籍，如《泰西新史攬要》、《大英國志》等。如稱讚《泰西新史攬要》：「近譯各國史志，多二十年前書，惟此書近事頗詳，寔〔實〕為西史肯要。」〔註 34〕在外國史之研究上，《湘學新報》亦頗有建樹。例如作為「史學」專欄編者的唐才常，就有系統的進行外國史地的研究。其研究因產生在戊戌維新前後，並被轉載到其他報刊之上。不過，其研究方法仍承襲《海國圖志》按類匯集資料的編輯方法，在方法上並沒明顯之突破。〔註35〕但在推廣外國史學的方面，《湘學新報》功不可沒。

　　《湘學新報》之許多文章，都向士人說明新政推行之必要性。例如胡兆鸞的〈論湘中所興新政〉，以問答方式說明湖南新政中各項措施實行之必要。〔註36〕例如在問及「電燈之設，可以開拓湘省利源否？」時，則回答：「是以

〔註32〕江標函（十），《汪康年師友書札（一）》，252。

〔註33〕江標，〈湘學新報例言〉，《湘學新報》，1 冊（1897 年 4 月 22 日），收於《湘學新報》，第一冊，8～9。

〔註34〕〈史學書目提要：泰西新史攬要〉，《湘學新報》，2 冊（1897 年 5 月 2 日），收於《湘學新報》，第三冊，1589～1590。

〔註35〕劉蘭肖，《晚清報刊與近代史學》（北京：人民大學出版社，2007），26。

〔註36〕胡兆鸞，〈論湘中所興新政〉，《湘學新報》，32～34 冊（1898 年 4 月 1 日至 1898 年 4 月 21 日），收於《湘學新報》，第二冊，831～880。

湘省仿用西法，造電氣燈，以適民用，光大費省，誰不樂從其燈之為用也。無論貧富，戶戶需之，非濫費也。電氣燈一行，富者可以適用，即貧者亦可以省費，國家之利權亦從此收矣。」〔註37〕此外，有一些文章如唐才常的〈各國政教總論〉則對於世界之各種政制進行分析，並說明這三種政制都曾經在中國出現，以為推行變法提供合理的依據。〔註38〕

當時在外間的看法，湖南向來以保守見稱。但在江標出任學政以後，外間之觀感為之一變。1897 年《萬國公報》上的一篇報道，正可說明這種觀感之轉變：

> 湖南省人，向未知西法為天下之良法，更未知新法為今日之要法。是以逞其私見，悉力拒之。甚至奉旨設立之電桿，竟敢拔而投諸火。種種乖僻，皆自困之道也。乃中國官法所不能強，西國商情所不能達，而獨有萬國公報，足以化之。此豈僕等之敢自以為功哉。天倪既露，人力斯通，有莫之致而致，不期然而然者。況又有通權達變之督學使者。元和江建霞太史【標】也，命題課士，博古之外，兼取通今。三湘人士，遂取廣學會譯著各書，視為枕中鴻寶（去年所譯之《泰西新史攬要》，總百年來歐美諸國振興之大成，今年所著之《中東戰紀本末》，示天下萬國安危成敗之明準，談新學者皆不得不備之書也）。一倡百和，寖成風氣。且士為四民之首，士心既明，民心自不致為積習所錮。沅有芷兮澧有蘭，百度維新豈有限量哉。〔註39〕

由此可見，江標對於湖南新政實有相當大之貢獻，使湖南士人能夠勇於接受新事物和新著作，為新政打下基礎。當然，如沒有巡撫陳寶箴之大力支持，則江標縱有抱負，亦不能有所作為。因此，探討湖南維新運動的貢獻時，亦必需探討陳寶箴之作為。

〔註37〕 胡兆鸞，〈論湘中所興新政〉，《湘學新報》，34 冊（1898 年 4 月 21 日），收於《湘學新報》，第二冊，867。

〔註38〕 唐才常，〈君主表〉、〈民主表〉、〈君民共主表〉，《湘學新報》10～11 冊之〈史學〉欄目（1897 年 7 月 20 日至 1897 年 7 月 29 日）。

〔註39〕 〈皇清政要：三湘喜報〉，《萬國公報》，90 卷（1896 年 6、7 月），收於林樂知（主編），《萬國公報》，第 25 冊（臺北：華文書局股份有限公司，1968），19a（總頁 16179）。

第二節 陳寶箴與湖南新政運動的推行

　　上一節提到江標在湖南新政的種種作為，對於湖南造成重大的影響。但是，若然沒有陳寶箴之呼應，則江標有志難伸。以下對陳寶箴的角色進行探討。

　　陳寶箴（1831～1900），字右銘，江西義寧人。他中舉後，參軍討伐太平軍。陳寶箴曾與曾國藩於安徽「談天下利病，如示指掌」。曾國藩欲招其任幕僚，但為他所拒。後因立有戰功，故至湖南出任知府。後出任河北道，在其三年任期內，整肅地方治安，大力整頓水利，並設立致用精舍，期能使當地人能「知古典，達世務」。〔註40〕他曾為致用精舍訂定學規。在學規中，指出「晚近之人才，可謂乏矣」；他認為：所謂的義理之學「專言心言性，以記誦語錄為能。泥古而賤今，卑事功而薄名實，執理甚堅，而才不足以應變，持論似正，而知不足與料。」談經濟者，則「動以正心誠意為迂，不知本不立者標不治，未有不治其心，而能不流於功利者；未有以忽君子忽小人之心，而能終為君子不為小人者也。」故此，對人才的培育要以「義理為體，經濟為用，辭章攷据為文采，文采不必盡人責之也。」但是，他強調「體用則不可偏廢焉。本義理而發為事功，因之以立言，則學術不至於偏雜，人才不至於苟簡，教必先本而後末，學必同條而共貫，君子觀於體用一原之故，知賢哲之去人不遠矣。」因此，他以「致用」二字作為精舍之名字，祈使學生能「就前人已經校詁之書，為明體達用之學，知當務之為急耳。」〔註41〕在〈致用精舍學規〉中，要求學生除「誦習經、史而外」，更要閱讀天文、算學、詩文等書籍，「尤用世之士所宜急講，所置諸項書籍，宜以次恣覽，與經、史課程，月按籍一考」〔註42〕。此外，陳寶箴對於河北地區的盜賊加以整頓，希望通過居民之間的互助，能達至整頓地方治安的作用。

　　1890年，陳寶箴得王文韶推薦入京，任湖北按察使署理布政使。在其任內，協調張之洞與湖北巡撫譚繼洵之間的矛盾，故得張之洞器重。1894年，以直隸布政使之身份，監督湘軍，又曾協助李鴻藻治理黃河水患。1895年，

〔註40〕趙炳麟，〈陳中丞傳〉，收於汪叔子，張求會（編），《陳寶箴集》，下集（北京：中華書局，2005），1987。

〔註41〕陳寶箴，〈說學〉，《河北致用精舍課士錄》，收於汪叔子，張求會（編），《陳寶箴集》，下集，1621。

〔註42〕陳寶箴，〈說學〉，《河北致用精舍課士錄》，收於汪叔子，張求會（編），《陳寶箴集》，下集，1888～1893。

得榮祿舉薦爲湖南巡撫。由於其「故官湖南久，習知其利病」〔註43〕。所以能在政務上受到士民信賴，亦使湖南之風氣得以振興，一躍而成爲戊戌變法中推行新政最爲有力之省份。黃濬評價湖南新政時，便稱「湖南之煥然濯新，實自陳右銘撫湘始，當時勇於改革，天下靡然從風。右銘先生與江建霞、黃公度、梁任公等入湘，並力啓發，一時外論以比於日本變法之薩摩、長門【辰州】諸藩，可見聲劫之焉奕。」〔註44〕可見陳寶箴對湖南新政之貢獻，實不可忽略。

戊戌政變以後，陳寶箴因舉薦劉光第等人得罪，遭到免職，本應被發配新疆，因榮祿爲其求情，故僅處以革職永不叙用之懲處。〔註45〕後來，陳寶箴回故鄉隱居。1900年於故鄉逝世，得年七十歲。

陳寶箴初撫湘時，時值甲午戰爭戰敗，全國要求救亡圖強的呼聲一直此起彼落。甲午戰爭的戰敗，實爲一大衝擊。由於甲午戰爭的主力部隊北洋艦隊，被視爲洋務運動的成果之一。而其慘敗，實爲湖南人的心理造成相當深遠的影響。這對於日後維新變法在湖南的施行，是相當重要之因素。例如譚嗣同聽到甲午戰爭戰敗之消息後，「日與才常謀所以變通之、激厲之。恆兩人對坐，徹夜不寐，熱血充腔，苦無藉手，泣數行下。不得已欲就一邑，爲新中國之萌芽。」〔註46〕在《湘報》連載的〈工程致富講義〉一文中，就對這種心態有相當細緻的描述：

> 甲午年日本的事，皇上聖明，不肯甘爲人下，要同他戰，偏偏我們中國的人不中用，聽見砲響就跑，這是怪得我們自家不中用，還是怪得朝廷不肯打？前年有湘中朋友在湖北坐洋船，帶的家人將廣東人一樣物件打碎，那廣東人他就要打這家人，後來這兩位朋友出去爭說，他就罵你們是湖南的麼？你們湖南紅頂子多，山海關外一仗還殺你們不絕。你們仔細想，別省的人都是這樣笑罵，甲午的敗仗實是我們湖南人害國家的，賠日本二萬萬銀子，也是我們湖南人害國家的，那時若不與他和，他取山海關勢如破竹，打破京城，天下還亂不亂？於今外國一兩個人來，你們又邀起吵鬧，鬧出事來，他

〔註43〕陳三立，《散原精舍文集》（臺北：中華書局，1966），110。
〔註44〕黃濬，《花隨人聖庵摭憶》，379～380。
〔註45〕陳寅恪，〈戊戌政變與先祖先君之關係〉，《陳寅恪史學論文選集》（上海：上海古籍出版社，1992），719。
〔註46〕唐才常，〈瀏陽興算記〉，《湘報》，45號，1898年4月27日，277a（總頁363）。

　　不問你們，必去找皇上說話，若與他含糊，他就邀約動兵來，豈不

　　又是我們湖南人害天下了？〔註47〕

由此可見，甲午戰爭對於湖南人的心理造成了相當深遠的影響。而作爲江西人的陳寶箴，也對於甲午戰爭的戰果失望。據《清史稿》之記載：當他得知馬關條約簽訂以後，即泣不成聲，並云「殆不國矣！」〔註48〕他「以爲中國之大，非一時能悉改變，故欲先以湘省爲全國之模楷。」〔註49〕所以，在其就任湖南巡撫以後，即大力施行改革，使得湖南成爲施行變法最爲有力的省份。而他在任時，大力改善湖南的經濟環境，而其先從礦業入手。

　　有清一代，湖南一直是礦業的重鎮。但隨著西方人的進入中國，對於湖南的礦業造成相當大的衝擊。張之洞在一份奏折中，對此有以下的描述：

　　湖南煤鐵之利，自昔甲於天下。道光以前，江浙沿海各省，無不仰

　　資湖南之煤鐵。每歲利入不資，以故湘省富饒，自昔已著。小民家

　　給人足，易於謀生，由於擅煤鐵之利。自與洋人互市，洋煤洋鐵闌

　　入內地，洋鐵洋煤之銷路占進一步，則湘鐵湘煤之銷路退縮一步，

　　以致湖南煤鐵不能售出境外，其利皆爲洋人所占。生齒愈繁，謀生

　　亦愈拙，職此故也。〔註50〕

在甲午戰爭前，湖南每年有三百萬兩的收入，雖亦要負擔甲午戰爭之部份賠款，惟財政上尚能應付。〔註51〕但爲推動新政，故有需要籌集更多資金。陳寶箴注意到湖南地區的礦產資源，意識到「惟礦產爲自然之美利，開採可救湖南之困窮。」因此，他於 1895 年上書奏請開採礦藏，並於省城開設礦務總局。其創辦初期，因其時「風氣未開，人無礦識，言及辦礦，群有戒心。」〔註52〕故邀請士紳朱昌琳協助籌集經費，才得以解決經費上的問題。礦務總局於「益陽、永定、龍王山、水口山、甯鄉、辰谿、瀘溪各處，皆設分局，用土法開採，計舊產原有金、銀、煤、鐵、銅、鉛、水銀、硝礦等礦，新開

〔註47〕楊子玉，〈工程致富演義：英國得利之工程續第六段〉，《湘報》，94 號，1898
　　　　年 6 月 25 日，373a～b（總頁 853～854）。

〔註48〕〈陳寶箴〉，《清史稿校註》卷 471，列傳 251，收於趙爾巽等（編），《清史稿》
　　　　（臺北：國史館，1989），13 冊，10699。

〔註49〕陳寅恪，〈戊戌政變與先祖先君之關係〉，《陳寅恪史學論文選集》，718。

〔註50〕張之洞，〈勸開湖南煤礦示〉，轉引自：彭澤益（編），《中國近代手工業史資
　　　　料，1840～1949》（北京：生活・讀書・新知三聯書店，1957），157。

〔註51〕張朋園，《中國現代化的區域研究──湖南省》（臺北：中央研究院近代史研
　　　　究所，1983），241。

〔註52〕〈湖南礦務總局借款創辦史〉，《湖南歷史資料》，3（長沙：1958 年），109。

者有銻、鎳、鋁等」，其成員「多本省紳士，故能與各分局聯絡一氣，商民更以相安」開礦以後，即接到漢口亨達利洋行之合同，「售價約有百萬之間。」〔註53〕因此，陳寶箴實有助力近行新政。

　　陳寶箴對於地方建設相當重視。他因有感於「電綫之設，將數千萬里聯爲一氣，若一省之內，則更無異戶庭。於地方戢匪備荒、商務盈絀、民生利病諸事，信息靈通，得以早爲籌備；至於吏治考核、軍務指揮，可免壅蔽稽蔽之弊，洵爲有益無損之要政。」故與張之洞合議，把電線之鋪設路線「自湘通鄂之驛路安設，不占民地，尤爲簡便易行。」〔註54〕電線於 1897 年 5 月鋪設完成，「使二十二行省電工告竣。」〔註55〕同時，陳寶箴於長沙設立電報局，以收發官、商電報。此爲湖南設立電報局之始。〔註56〕這條電線的設立，亦意味著全國省級電訊網絡的形成，對中國近代通訊系統的形成，實有重要的意義。〔註57〕

　　陳寶箴亦大力鼓勵工業上的投資。湖南礦務總局就是在士紳與官府的合作下創立的。而在礦業作爲基礎上，士紳得以興辦各項事業。例如 1895 年陳寶箴與王先謙等人集資創辦和豐火柴公司，開近湖南建立私營工廠之先河〔註58〕；1897 年由張祖同、王先謙、蔣德鈞等人創立的寶善成製造公司，以製造電氣燈，東洋車，以及礦務各局一切應用之件爲主要業務。

　　1897 年初，士紳熊希齡、王先謙等，醞釀要在湖南「創爲添設學堂之舉。」此建議得到陳寶箴與江標的大力支持。陳寶箴並上奏請撥學堂之經費一萬兩千兩，以酌充「兩處【即武備、時務學堂】常年經費。」〔註59〕在《知新報》上的〈湖南時務學堂緣起〉一文中，說明其主旨爲「廣立學校，培植人才」，「用可用之士氣，開未開之民智」。同年即在報刊上刊登第一次招考告示，云「本年議定暫租衡清試館開辦，延聘中西學教習，擇期開學，先行招考六十名入堂肄

〔註53〕　〈京外近事：湘礦起色〉，《知新報》，6 冊，1897 年 3 月 18 日，5a（總頁 43）。本論文所引用之版本爲：《知新報》（上海：上海社會科學出版社，1996）。
〔註54〕　〈會奏湖南安設電綫摺〉，收於《陳寶箴集》，上集，301～302。
〔註55〕　盛宣懷，〈寄湘撫陳右帥〉（1897 年 5 月 30 日），收於盛宣懷，《愚齋存稿》（臺北：文海出版社，1975），卷 27，11a（總頁 674）。
〔註56〕　劉泱泱（編），《湖南通史近代卷》，389。
〔註57〕　相關之研究，可參看：千葉正史，《近代交通体系と清帝国の變貌：電信，鉄道ネットワークの形成と中国国家統合の変容》（東京：日本經濟評論社，2006）。
〔註58〕　林能士，《清季湖南的新政運動（1895～1898）》，26。
〔註59〕　陳寶箴，〈設立時務、武備學堂請撥常年經費摺〉，收於汪叔子（編），《陳寶箴集》，上集，592～594。

業。」〔註60〕

在同年十月，時務學堂正式成立。成立初期，時務學堂由熊希齡出任時務學堂提調（即校長），主理一切事務。在黃遵憲的建議下，江標力邀梁啓超來湖南講學，主持時務學堂。〔註61〕曾出任《時務報》西文繙譯的李維格則出任該學堂之中西文總教習一職。而唐才常、歐榘甲、韓文舉等人則出任教習。

時務學堂的課程編排，則是由溥（普）通學與專門學兩部分所組成。時務學堂定期舉行考試，其考試內容以其章程中所開列的書單爲主，並把優良學生之讀書心得刊登在《湘學報》及《湘報》中，以示鼓勵。〔註62〕在譚嗣同等人遠赴北京主持後，時務學堂學生的讀書心得，就成爲了《湘報》後期論說欄的主要稿源。

在南學會的一次回答聽眾問題時，維新人士對於時務學堂的教學方式有這樣的描述：「時務學以振新政藝爲大宗，振新政藝，以發明孔教嫡傳爲第一義。梁君卓如教學者，先讀《孟子》、《公羊》，講明聖經中之公理公法，然後取古今中西之政治法律，以比較而進退之，其切實可行，故諸生案頭只置《公羊傳》等書者。」〔註63〕如從《湖南時務學堂問答》一書師生之問答中，亦可以印證此一說法。例如學生曾繼壽問：

> 子貢問政，孔子曰：「足食足兵，民信之矣！」食與兵並重，雖孔子爲政，不能廢也。孟子爲梁惠、齊宣兩擧王政足食之道，詳矣，而未嘗一及於兵。豈孔子時當足兵，而孟子時遂不必有兵耶！豈王政不用兵，而孔子非王政耶？如其果不可無兵也，當日齊梁諸王固其心乎？兵者，孟子何不引其行吾道乎？〔註64〕

〔註60〕〈湖南時務學堂緣起〉，《知新報》，32 冊，10a（總頁 351）。

〔註61〕原文爲：「此間時務學堂擬敦請卓公爲主講，官紳士民同出一心，湘士尤盼之甚切也。弟亦望卓公來，可以學報事交託。」見：江標函（十二），《汪康年師友書札（一）》，253。又據梁啓超在〈時務學堂箚記殘卷序〉中云：「丁酉秋秉三與陳右銘、江建霞、黃公度、徐研甫諸公設時務學堂於長沙，而啓超與唐君紱丞等同承乏講席，國中學校之嚆矢此其一也。」轉引自：丁文江、趙豐田（編），《梁任公先生年譜長編》，收於《北京圖書館藏珍本年譜叢刊》，193 卷（北京：北京圖書館出版社，1999），244。

〔註62〕以上內容均引自：〈學會彙纂：時務學堂功課詳細章程〉，《湘報》，102 號，1898年 7 月 4 日，405b～408b（總頁 940～946）

〔註63〕〈南學會問答：善化張次宗問時務學堂事〉，《湘報》，44 號，1898 年 4 月 26日，175a～b（總頁 357～358）。

〔註64〕其問答見：《湖南時務學堂問答》，第一集（1897 年：日本京都大學人文科學圖書館館藏，蒙潘光哲教授提供，特此致謝），19b～20a。

而當時負責批改問答的韓文舉則有以下之回答：

> 地球善政，首推美國，所設兵不過萬餘兵者。最苦之事，大同世無
> 之。今歐洲各國，以民爲兵將殺戮，必不忍言。現有弭兵會，並兩
> 國有事不斷者，請別國以公理斷之。新增此例，兵禍或減，歐洲各
> 國之人，厭兵者多入籍美國，可見兵者不得已也。至各國並立，不
> 能不設兵，以爲防護，但志學伊芳始，必以讀書窮理爲主，兵學可
> 稍緩之，可見孔子言兵，亦是不得已之事。〔註65〕

姑且勿論韓文舉之說法是否正確，但從這問答中可以看到時務學堂以孔孟經
典作爲判斷「世界知識」〔註66〕之標準，故韓文舉才會以美國之例子去作爲
「孔子言兵，亦是不得已之事」的根據。所以有人認爲：時務學堂之章程，「其
章程以中學爲本，西學輔之」〔註67〕，的確能說明時務學堂之特質。

圖1-1：湖南時務學堂之問答集（1897）

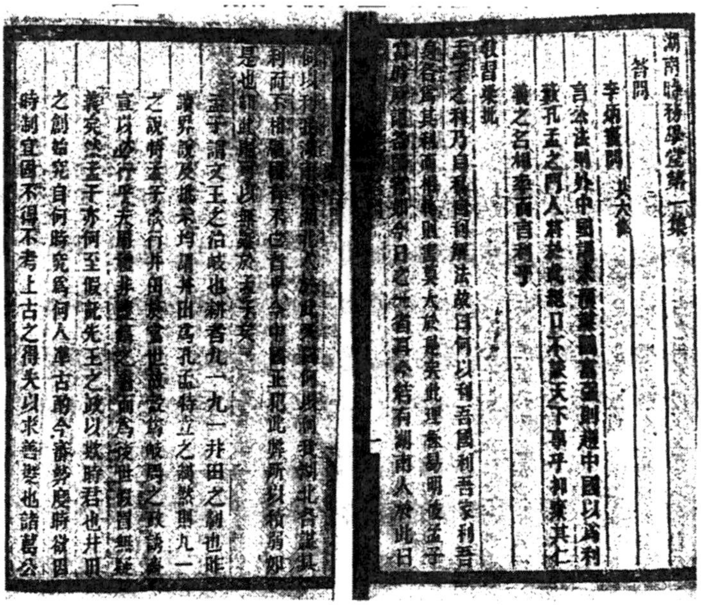

圖片來源：京都大學人文科學圖書館館藏（感謝潘光哲教授提供）

〔註65〕《湖南時務學堂問答》，第一集，20b。
〔註66〕關於「世界知識」一詞，引用自：潘光哲，〈開創"世界知識"的公共空間：《時務報》譯稿研究〉，《史林》，2006：5（上海，2006年10月），1～18。
〔註67〕向味秋，〈向味秋院長上文在沅州府南學會分會講義〉，《湘報》，97號，1898年6月28日，385a（總頁883）。

時務學堂的設立,在湖南確能引起一陣哄動。除時務學堂外,陳寶箴亦鼓勵地方士紳開辦學堂,如新化實學堂就是在他的支持下成立的。〔註68〕

在開辦時務學堂的同時,陳寶箴亦意欲培養地方官吏,使其具備新學知識,以便能夠有效配合新政的推行。因此,他改革前任巡撫吳大澂所設立的課吏館,故委託按察使黃遵憲主理此事。「因湘省向設課吏館,使候補各員研習吏治,酌給獎賞,用意甚厚。惟每月只一課,每課只一文。尋行數墨,以爭一日之長短。而搜檢夾袋,杜絕槍替,一切疏闊,又不能與試官考試比。故雖有課吏之名,仍於吏治無裨。〔註69〕」在改革後的課吏館,設有總裁一名,以總理課吏館各項事務。其課程爲六類:學校、農工、工程、刑名、緝捕、交涉,以使官吏們得到有系統的新學教育。爲獎勵官員學習,凡在課吏館考試中得到優異成績者,均有重賞。如官吏在地方上推行新政時遇到任何問題,均可向課吏館之總理請教,由總理協助解決官吏之問題。〔註70〕

由於甲午戰爭之失敗,使得湖南士人形成「國之將亡」的危機意識,意識要有所作爲,努力保存中國。唐才常與譚嗣同因眼見中國當前的局勢,故合力創辦瀏陽算學館,「以益推究製造之理,天人之大,公理公法之原」〔註71〕,希望團結士人之力量,以收開啓民智之用。除了譚、唐二人,其他湖南士人亦有類似的構想。例如鄒代鈞曾與汪康年討論辦學會之難,認爲「學會(即公會)有極難處,所講之學門徑甚多,我輩數人自問所有,似不足以答天下之問難。且泰西學會無非專門,如興地會等類是也。今欲合諸西學爲會,而先樹一學會之的,甚不容易。」〔註72〕而他們的構想,需要地方官撫的支持下,其推行才會造成效果。陳寶箴的出現,解決了他們的問題。

在陳寶箴的操作下,湖南士人得以組成南學會。南學會的第一次開講即爲陳寶箴所主持。〔註73〕通過南學會此一管道,使得士人除了學習各種不同的專門知識以外,更成爲官府在地方事務上的諮詢機構。士人通過南學會,

---

〔註68〕〈爲新化縣創設實學堂事面諭朱其懿(大意)〉,收於《陳寶箴集》,中集,1150。

〔註69〕黃遵憲,〈湖南署臬司黃會籌課吏館詳文〉,《湘報》,11 號,1898 年 3 月 18 日,42a(總頁 83)。

〔註70〕以上內容均見:〈改定課吏館章程〉,《湘報》,29 號,1898 年 4 月 7 日,114b ～115b(總頁 228～230)。

〔註71〕唐才常,〈瀏陽興算記〉,《湘報》,45 號,1898 年 4 月 27 日,177a(總頁 363)。

〔註72〕汪詒年,《江穰卿先生傳記》,收於章伯峰、顧亞(主編),《近代稗海》,第 12 輯(成都:四川人民出版社,1988),203。

〔註73〕〈開講盛儀〉,《湘報》,1 號,1898 年 3 月 7 日,1b(總頁 2)。

得以預知地方官員對於政策之構想，並能提出意見。例如陳寶箴在一次開講中，即透露其與張之洞共同上書，議廢科舉之構想。〔註74〕而南學會每次講演之議題，都以地方政治爲主題，例如黃遵憲希望與會人士「自治其身、自治其鄉」〔註75〕，能夠負起維持鄉里之責任。這顯然是爲了勸導士紳參加保衛局事務之宣傳。

在陳寶箴任內，亦促成了《湘報》的誕生。《湘報》之主事者有熊希齡、李維格、唐才常、鄒代鈞等人，他們都是《湘報》撰寫「論說」一欄的主要作者，則有梁啓超、譚嗣同、唐才常、戴德誠、樊錐、何來保等人。〔註76〕《湘報》之出刊形式爲「每日一大張，裁成四頁，集訂成書。」其創辦初期，爲擴大其影響力，故規定「無論官紳士商，均送報半月，不取報貸」，「半月以後，有願閱者，請知會送報人掛號，註明姓名、居址，以便逐日送報，按月收費。」〔註77〕除了訂定湖南全省的收費價錢外〔註78〕，《湘報》在上海、漢口、宜昌等地設置銷售點，以方便外地讀者購買報紙。通過《湘報》亦和《湘學新報》，得以使外間能夠知曉湖南省之大小事情，亦能使全省士人能互通消息。

總而言之，陳寶箴對於湖南新政之起動，實有不可忽略之貢獻。但是，當時身爲湖廣總督的張之洞，對於湖南新政亦有相當重要之貢獻。以下將探討張之洞對於湖南新政的重要性。

第三節　張之洞與湖南新政的「終結」

關於張之洞之生平，實有諸多研究可供參考。〔註79〕本節將集中探討張

〔註74〕如皮錫瑞在其日記中記載：「右帥來講學，云香帥約共奏改科舉，擬一場用史事及本朝掌故，二場西學、西政，三場四書、五經論，不作時文體，分三場去取，取額遞減，仿縣府試章程，此後取士，專用此科，不用現在時文三場，亦不必別立經濟名目。此法若行，可以去中國一大害，特恐閱卷難其人耳。」見：清光緒二十四年閏三月十一日（1898 年 5 月 1 日），〈師伏堂未刊日記〉，1959：1（長沙，1959 年 3 月），101。

〔註75〕黃遵憲，〈黃公度廉訪南學會第一、二次演義〉，《湘報》，5 號，1898 年 3 月 11 日，18a（總頁 35）。

〔註76〕〈湘報館辦事人姓名〉，《湘報》，22 號，1898 年 3 月 31 日，88a（總頁 175）。

〔註77〕〈本館告白〉，《湘報》，1 號，1898 年 3 月 7 日，1a（總頁 1）。

〔註78〕見：〈外埠售報價值〉，《湘報》，29 號，1898 年 4 月 8 日，116a（總頁 231）。

〔註79〕如：謝放，《張之洞傳》（廣州：廣東高等教育出版社，2004）；李細珠，《張之洞與清末新政研究》（上海：上海書店出版社，2004）。

之洞就任湖廣總督期間，對於湖南新政的影響。在以往的研究中，只強調張之洞對湖南新政的阻撓。事實上，張之洞與湖南新政有相當密切的關係。

張之洞對地方政事頗為注意，如張之洞對於兩湖地區的教育相當重視。他與江標一樣，對學堂進行改革。1896 年，他仿照學堂辦法，改兩湖書院月課為日課，並分經、史、輿地、時務四間諸生按日上堂，聽受紀錄，分教旬校，按日查齋。〔註80〕

他在與陳寶箴的關係上，大致都能保持良好的合作關係，與康有為、梁啓超等人，亦有密切之關係。康有為曾邀請他出任強學會之會長，與梁啓超的關係亦相當良好。張之洞曾經捐助《時務報》，並鼓勵兩湖地區之書院購閱《時務報》。這對於維新思潮在湖南地區之展開，實有推廣風氣之功。有論者指出：《時務報》實為張之洞個人意志所控制的官僚網絡的延伸。〔註81〕故此，張之洞對於新思潮，亦並非一昧的抗拒。事實上，在張之洞出任疆吏以後，接觸洋務的機會愈來愈多，他對於西學的接受程度亦愈來愈廣。〔註82〕而在湖廣總督期間，亦充份體現他對於西學的包容。如他為江標所編的《格致精華錄》一書中所作的序文，顯示出他對於西學的分類有相當深入的認識：

> 是書輯經類二十四、史類四十、子類九十九、集類二十、隸三十三門，都八萬三千餘言，博采旁搜，悉舉其要，實則天括乎厤，重統乎力，氣包乎汽，熱乎火，字晐乎中，例可隔反，無竢瑣列。若夫會而通之，則天學有攝動力之條可兼，重學汽學有運機力之理可兼工學，有火工，後有光，是熱學兼光學，推力又須引力，是電學兼重學；視礦先辨地色，是礦學兼地學；化材全資礦產，是化學兼礦學；制利器以治兵，是兵學又兼工學；傳空氣以致聲，是聲學又兼氣學；以算學握諸門之紐，以化學通諸家之驛。於是博學以知服，則曰：「政俗養攝之所宜，則在身體；欲修鐵路、製鈔幣，莫如興工學；造機器，莫如興重學；開礦產，莫如興地學；礦學折南漕，創

〔註80〕 胡鈞（編），《清張文襄公之洞年譜》（臺北：臺灣商務印書館，1978），143。

〔註81〕 Seungjoo Yoon,"Literati～journalists of the Chinese Progress（Shiwu bao）in Discord,1896～1898," in Rebecca E.Karl and Peter Zarrow ed., *Rethinking the 1898 reform period ：political and cultural change in late Qing China,*（Harvard University Press ： 2002）,pp48～76.

〔註82〕 見：薛化元，《晚清「中體西用」思想論（1861～1900）──官定意識型態的西化理論》（臺北：稻鄉出版社，1991），163～183。

郵政，莫如興商學；減兵額，練陸軍，整海軍，莫如興兵學；而諸
學輔之，若欲蠲除痼疾，力行實政，莫如修明五帝三王，治平之道，
而不廢格致之學。」行見我國家聲教四訖，一統五洲，此書特芻蕘
之助，苾蹸之用云爾。〔註83〕

為了使年青士子能夠接收新知識，張之洞與陳寶箴曾計劃補助湖南之年青士子前赴日本就學。〔註84〕1898年1月，張之洞派遣自強學堂總稽查姚錫光前往日本，考察日本的軍事教育與工業農商各學堂章程，並與日本政府議定派赴文武留學生辦法。〔註85〕陳、張二人計劃「選擇聰穎子弟，湖北一百人、湖南五十人，前赴日本學習武備、格致、農、商、工藝，兼通各種專門本業。」更張貼告示，招考學生。凡通過考試之學生，一切經費均由官府負責。「將來期滿學成，或咨送總理衙門錄用，或即派充各項習，或逢歲舉及行特科，並可大展所長，高涉異等。才多藝廣，虛往實歸，既擴傳習之途，復辟功名之途，於國家富強之基極有裨益。」〔註86〕不過，此事因經費不足而有所延誤。〔註87〕不過，這為中國的留學日本熱潮立下了先河，〔註88〕亦對於湖南地區之風氣亦有相當大的影響，如日人白岩龍平於1900年前往湖南一遊，受到湖南當地士紳之熱情接待，事後他在寫給東亞同文會會長近衛篤麿的信中，就認為此與張之洞派遣青年學生赴日有關。〔註89〕

〔註83〕江標（編），《格致精華錄》，1a～1b。
〔註84〕「以湖南先一年已設有時務學堂，漸見成效，因選擇聰穎子弟隨同閱歷，以為江西建學張本。……該郎中講求時務歷年所，於中外情形頗為熟悉。據稱："中國諸事草創，雖一切辦法間效西制，略具規模，然或偏而不全，虛而不實。從來百聞不如一見，必須親赴外國，在在考求，始足廣師資而昭信守。"近來日本振興各學，精益求精，極臻美備。因復籌措川資，遴選天分較優、性情專篤生徒二十餘名，率領東游，冀求實際，……」見：陳寶箴，〈為鄒凌瀚率生徒東游考察事咨駐日欽使文（稿）〉，收於《陳寶箴集》，中集（北京：中華書局，2005），頁1097。關於派遣學生留學日本之緣由，可見：〈兩湖議遣子弟出洋〉，《湘報》，10號，1898年3月17日，40a（總頁79）。
〔註85〕舒習龍，〈姚錫光述論〉，《史林》，2006：5（上海，2006年10月），53。
〔註86〕〈招考出洋學生告示〉，收於《陳寶箴集》，中集，1251～1252。
〔註87〕〈学生を日本に派せんとす〉，〈号外〉第一回（明治31年9月19日），收於神谷正男（編），《宗方小太郎文書》（東京：原書房，1975），45～46。
〔註88〕關於晚清推行新政前中國往日本派遣留學的情形，可參看：阿部洋，《中國の近代教育と明治日本》（東京：龍溪書舍，2002），54～67。
〔註89〕近衛篤麿日記刊行會（編），《近衛篤麿日記》（東京：鹿島研究所出版會，1968～1969），第三冊，38～39。

　　在這種環境下，不少士紳開始設立學堂辦學。如程頌萬〔註90〕就在張之洞的支持下，在武漢開設中西通藝學堂，「課以經、史、掌故、輿地、圖算、文藝及英法方言諸學，務以聖賢義理之學，植其根柢；復以中西政藝之學，增其智識；期在知古而不迂執，通今而不謬戾。」〔註91〕從其章程看來，其課程設計與湖南時務學堂有諸多共通之處：即同樣重視中學和西學的教授，使學生能夠通曉中外事情。

　　在陳寶箴實行新政的過程，張之洞給予高度的配合，使其政策得以順利推行。如為配合湖南私營工業的發展，士紳蔣德鈞、王先謙等人曾向陳寶箴陳請創辦輪船公司，開辦來往兩湖地區的輪船路線。〔註92〕而在陳寶箴與張之洞的籌劃下，於 1898 年正式設立輪船公司，以管理兩湖地區之航線。〔註93〕輪船路線的興辦，呼應地方生產發展和商品經濟繁榮的需要，並保障了湖南當地之經濟利權。〔註94〕《申報》的一篇報導就認為：「自江建霞太史振興西學，而湖南之風氣漸開矣。設小輪船往來洞庭上下，而湖南之風氣更開矣。」〔註95〕因此，湖南之商業在陳寶箴治下，有蓬勃之發展。在這些基礎之上，陳寶箴得以大力推行新政。而這一切，都是在張之洞的大力支持下得以成就的。香港的一份報章就有以下的報道：

> 湖南如開通商口岸，則中國進步可期迅速。……湖南紳士，昔年詆毀洋人，較之英國，實有過之，窮極則變，變則能通，此際督撫為之提倡，又安知其不幡然變計哉！兩湖總督張，日前電達湖南巡撫陳，深勸士民通埠之益，以免利權外溢，仍為西人所奪，言簡意賅，

〔註90〕 程頌萬（1865～1932），湖南寧鄉人，曾任岳麓書院院長，辛亥革命後歸居鄉里。（見：林志宏，〈清遺民與近代中國政治文化的轉變〉（臺北：國立臺灣大學歷史研究所博士論文，2005），290。）

〔註91〕 程頌萬，《通藝塾程》卷一（1901 年寧鄉程氏刊本,臺北中央研究院歷史語言研究所傅斯年圖書館藏），1a～2b。中西通藝學堂之課程設計，可參見：〈各省新聞：湖北創立中西通藝學堂大意八條〉,《湘報》,150 號,1898 年 9 月 9 日,599a～600a（總頁 1467～1469）: 〈各省新聞：湖北中西通藝學堂管堂及教習章程五條〉,《湘報》,152 號,1898 年 9 月 12 日,607a～b（總頁 1489～1490）。

〔註92〕 「近復有紳商集股，請由長沙立小輪船公司，以通湘鄂，聞已稟請張尚書及湘撫陳佑民中丞，皆經批准，湘鄂商務當益蒸蒸日上矣。」見：〈京外近事：湘設行輪〉,《知新報》,11 冊,1897 年 4 月 12 日,5b（總頁 83）。

〔註93〕 見：〈本省公牘〉,《湘報》,123 號,1898 年 8 月 9 日,492a（總頁 1189）。

〔註94〕 劉泱泱（編），《湖南通史近代卷》,387。

〔註95〕 〈書湘中請開鐵路稟稿〉,《申報》,1898 年 5 月 3 日,第 1 版。

實足令人欽佩。而各處報紙，又謂：「兩湖已在開辦輪船公司，由漢
口、沙市、武昌、宜昌，經行洞庭，直達長沙，載客之外，並准載
貨。」雖未即日開行，大約不爲無因。可期者二也。有此二端，則
督撫之意見相合，辦理自無掣肘。而張制軍老謀深算，尤足加人一
等。使各省盡能仿行，則中國富強之基，何難操券以待哉！〔註96〕

由此可見，張之洞與陳寶箴在湖南新政中所扮演之重要角色，已爲外界所一
致公認。

不過，他們在推動新政時，亦受限於現實環境之限制，致使無法實現。如
於 1897 年，在湖南、廣東等地士紳的請願之下，張、陳二人與北洋大臣王文韶
聯合向光緒皇帝上奏，奏請興建湖廣鐵路，云：「鐵路早成一日，可保一日之利
權，多拓百里，可取百里之功效。」〔註97〕不過，張之洞等人的建議在清朝滅
亡之前尚未得到實現。此鐵路最終要在 1936 年才能正式通車。〔註98〕

陳、張二人的眼光不局限於地方，亦對於朝政提出建言。他們於戊戌新
政期間，就曾聯合上奏朝廷，建議改革科舉。他們的建議爲「定鄉會試隨場
去取之法，並推行於生童歲科考，又停止朝考。」〔註99〕這在戊戌時期的變
法中，實爲一項重大的改革。光緒皇帝採納其建議，規定科舉考試「所擬會
試仍定爲三場：第一場試中國史事、國朝政治論五道；第二場試時務策五道，
專問五洲各國之政、專門之藝；第三場試四書義兩篇、五經義一篇。」取才
方法則爲「首場按中額十倍選取，二場三倍錄取者，始准試次場；每場發榜
一次，三場完畢，如額取中。」在地方考試方面，「亦以此例推之，先試經古
一場，專以史論、時務策命題；正場試以四書、五經義各一篇。」此項改革
之精神在於：「嗣後一切考試，均以講求實學實政爲主，不得憑楷法之優劣爲
高下，以勵碩學而黜浮華。」〔註100〕這項改革雖隨著戊戌政變而不了了之。
不過，從此可看出陳、張二人之眞知灼見。他們亦認識到科舉需要改革，才

〔註96〕〈西文譯編：湖南通商論（譯自《香港商務七日報》1898 年 1 月 27 日之報道）〉，
《時務報》，51 冊，1898 年 2 月 11 日，19a（總頁 3483）。本論文所用版本爲：
《時務報》（臺北：文海出版社，1987）。

〔註97〕王文韶、張之洞、陳寶箴，〈會奏議辦粵漢鐵路摺〉，收於《陳寶箴集》，中集，
1210～1211。

〔註98〕可參看：張朋園，《中國現代化的區域研究——湖南省》，306～308。

〔註99〕〈隨場去取〉，收於徐珂，《清稗類鈔》，2 冊（臺灣：商務印書館，1966），〈考
試類〉，10。

〔註100〕全文見：〈上諭電傳〉，《湘報》，117 號，1898 年 8 月 2 日，465a（總頁 1117）。

能持續爲國家選拔人才，以確保統治階層之素質。從而使中國能在世界中佔有一席之地。1905 年的廢科舉，張之洞亦是重要的角色。〔註101〕

　　不過，張之洞對於湖南新政並非全然接受。時務學堂就是一例。其原因在於：時務學堂的一些言論，相當激進。在時務學堂的教習中，與康有爲關係密切者甚多。故不爲張之洞所喜。而康有爲之行事作風，不爲一些士人所喜。故此，一些士紳對於時務學堂之言論多所批評。而《湘報》與《湘學新報》的一些言論，時常引起湖南士人的爭議。例如易鼐在〈中國宜以弱爲強說〉一文中，提出以下的觀點：

> 以諸王、郡主、宗室、縣主下嫁於俄、德、法列邦之世子、王公；
> 台吉、貝勒、貝子，復廣娶列國之公主、郡主，並下一令曰：上自
> 官紳，下逮庶民，願嫁婦於泰西各國者，聽國家聯姻，尤貴擇西人
> 之有智力者，既聯翁壻甥舅之親，即可從其中選用客卿，自當竭力
> 爲我用，此所謂以愛力綿國運，以化合延貴種也。〔註102〕

易鼐提出這些觀點背後的思維，就是把「種族」一詞建構爲家世之父系的一種延伸。而「保種」濃縮時代的焦慮，並把變革的需要合法化。〔註103〕可是，這些言論對於當時絕大部分士紳而言，實屬離經叛道。王先謙就曾批評梁啓超及分教習韓文舉與葉覺邁等人「自命西學通人，實皆康門謬種」；至於譚嗣同、唐才常、樊錐、易鼐等人「爲之乘風揚波，肆其箕鼓。」而使得年青士子「濡染受害」，若「他日年長學成，不復知忠孝節義爲何事。」〔註104〕就連張之洞亦爲其言論感到不妥。他在給徐仁鑄的電報中，批評《湘學新報》「或推崇摩西，或主張民權，或以公法比《春秋》」〔註105〕。後來因「見刊有易鼐議論一篇，直是十分悖謬，見者人人駭怒。」故他「撰有《勸學篇》一書，大意在正人心、開風氣兩義。」〔註106〕因而，《勸學篇》開始連載在《湘學報》

〔註101〕可參看：關曉紅，〈晚清議改科舉新探〉，《史學月刊》，2007：10（開封，2007
　　　　年 10 月），39～48。
〔註102〕易鼐，〈中國宜以弱爲強說〉，《湘報》，20 號，1898 年 3 月 29 號，78a（總頁
　　　　155）。
〔註103〕Frank Dikotter, *The discourse of race in modern China*（Stanford ： Stanford
　　　　University Press, 1992），p.95.
〔註104〕賓鳳陽，〈湘紳公呈〉，收於《虛受堂書札》（臺北：文海出版社，1971），55a
　　　　～55b。
〔註105〕〈張之洞致徐仁鑄電〉，收於《陳寶箴集》，下集，1601。
〔註106〕〈張之洞致陳寶箴、黃遵憲電〉，收於《陳寶箴集》，下集，1600。

上〔註 107〕，以表達自己的立場。成爲風行一時的流行著作。在《湘報》中，就有出售《勸學篇》一書的廣告；〔註 108〕而其他地區的士人，亦對此書趨之若鶩。遠在浙江的孫詒讓，亦於同年閱讀到此書；〔註 109〕至於張之洞關係密切的陳慶年則稱讚《勸學篇》的言論「犂然當於人心，爲之大快。」〔註 110〕由此可見，張之洞的言論得到廣泛認同。

另外，《勸學篇》亦受到日本人的注意。如當時身在中國的井手三郎曾閱讀此書。〔註 111〕而在戊戌政變的同年，《勸學篇》在日本重新印刷。〔註 112〕日本的報刊亦注意到《勸學篇》的重要性。如《臺灣日日新報》就刊登其部份篇章。〔註 113〕至於在明治時期於日本風行一時的《太陽》雜誌，亦刊登一篇文章，對於張之洞的《勸學篇》大加讚賞。稱讚其爲「當今東亞數一數二之名士。」〔註 114〕可見《勸學篇》廣受注目之程度。

而張之洞在《勸學篇》所提出的論點，如「民權之說，無一益而有百害」〔註 115〕、「今欲強中國，存中學則不得不講西學，然不先以中學固其根柢，其識趣則強者爲亂首，弱者爲人奴。其禍更烈於不通西學者矣。」〔註 116〕等觀點，亦引起一些批評，如遠居在香港一地的何啓與胡禮垣，就著有〈《勸學篇》

〔註107〕張之洞的〈勸學篇〉連載於《湘學新報》，第37～45 冊（1898 年 5 月 20 日至 1898 年 8 月 8 日），收於《湘學新報》，第三冊，1697～1772。

〔註108〕在《湘報》第 103 號（1898 年 7 月 5 日）有一則《勸學篇》的廣告，內文云：「南皮尚書《勸學篇》杭連紙制錢壹百陸拾文」，並註明「寄學院街萃文堂」。

〔註109〕孫延釗（撰），徐和雍、周立人（整理），《孫衣言、孫詒讓父子年譜》（上海：上海社會科學出版社，2003），287。據年譜所記：孫詒讓閱後，當寫上「筆記三十條」。

〔註110〕陳慶年，〈戊戌已亥見聞錄〉，《近代史資料》，81（北京，1992），109。

〔註111〕井手三郎戊戌八月十二日日記，收於湯志鈞，《乘桴新獲：從戊戌到辛亥》（南京：江蘇古籍出版社，1990），384。

〔註112〕《勸學篇》日本刊本（京都：田中文求堂，明治 31 年，日本東京國會圖書館藏）。

〔註113〕〈漢文報：遊學〉，《臺灣日日新報》，162 號（明治 31 年 11 月 16 日），3 版：「曩兩湖張之洞氏《勸學篇》初成，本報曾以其編著綱目，叙列報端。然猶未窺全豹也。全今得其本稿，有〈遊學〉一篇，誠醒世要語也。先爲刊出，以後凡有益於時務者，即遞加登載可也。」

〔註114〕中西牛郎，〈論說：張之洞氏の新著を讀〉，《太陽》，4：20（東京，1898 年 10 月 5 日），23～29。

〔註115〕張之洞，〈正權〉，《勸學篇》，《湘學新報》，41 冊（1898 年 6 月 29 日），收於《湘學新報》，第三冊，1732。

〔註116〕張之洞，〈循序〉，《勸學篇》，《湘學新報》，43 冊（1898 年 7 月 19 日），收於《湘學新報》，第三冊，1737。

書後〉，對於張之洞的觀點進行有系統的反駁。〔註117〕不過，亦說明湖南新政中所面對的問題，亦是中國士人普遍所關心的課題。

圖 1-2：張之洞《勸學篇》日本刊本

資料來源：日本國立國會圖書館

有學者把張之洞的《勸學篇》單純視爲一本攻擊民權思想的著作〔註118〕；亦有學者曾指出：《勸學篇》未能承襲早期「中體西用」論者（如鄭觀應等人）的思維，反而將體用的範圍局限於「器物」的範疇之中。不過，張之洞在許多觀點上，亦非全然保守。〔註119〕羅志田就指出：就出版時間而言，《勸學篇》刊載的時間距政變尚早，後來歷史的結果尚難逆料。故張之洞避禍之說不能

〔註117〕熊月之，《中國近代民主思想史》（上海：上海社會科學院出版社，2002），180～189。亦有論者從晚清民權論的發展看待何啓與張之洞之間的論爭，見：佐藤慎一，〈1890 年代の「民權」論──張之洞と何啓の「論爭」を中心に〉，收於金谷治（編），《中國における人間性の探究》（東京：創文社，1983），709～727。

〔註118〕熊月之，《中國近代民主思想史》，180。

〔註119〕薛化元，《晚清「中體西用」思想論（1861～1900）──官定意識型態的西化理論》，183～192。

成立。〔註120〕而在戊戌政變後，有人認爲「《勸學篇》盡康說，南皮【指張之洞】此書本旨專持新舊之平。論者誚爲騎牆，猶爲近似。」〔註121〕這種看法，明顯與後人的觀點不盡相同。

由此可見，要理解《勸學篇》之寫作動機，則不能不把其放在湖南新政之思潮中加以考察：由於《湘報》、時務學堂等言論過於激烈，使許多參與新政的士紳感到不安。因此，作爲地方官撫的張之洞，不得不以實際作爲來加以約束。而《勸學篇》之言論，在某程度上保障湖南新政的持續推行。就結果而言，雖然韓文舉等人沒法繼續擔任時務學堂教習，《湘報》亦因譚嗣同等人的退出，不再如早期那樣提出激烈變法之主張。不過，《湘報》、保衛局等新政措施仍得以繼續開展，直至戊戌政變後，陳寶箴等遭免職之處分。此時，湖南新政才正式宣告終結。忻其餘循尚在。

小結

戊戌政變後，康有爲、梁啓超等人流亡國外，譚嗣同等「六君子」被殺，與湖南新政相關的地方官員，如江標、陳寶箴、徐仁鑄等人亦被牽連，徐仁鑄免任湖南學政，江標則被懷疑與康有爲、梁啓超等人有密切關係，爲朝廷革職，並有傳言其與汪康年等人一同在上海被捕，禁錮於家中。〔註122〕江標同年十月中旬病死於故鄉，得年三十九歲。至於陳寶箴則在政變後免去湖南巡撫一職，傳說爲慈禧太后密旨處死。〔註123〕直至清末才陸續得到平反。〔註124〕至於張之洞，則成爲清末推行新政的重要人物。

從本章的敍述可見：地方官吏在推行地方新政時，的確扮演著相當重要之角色。但研究者大都把梁啓超等人的影響力過度誇大，認爲他們能影響新政之推動。事實上，湖南新政大部分之政策，都是由陳寶箴、江標、黃遵憲

〔註120〕 羅志田，〈張之洞與"中體西用"〉，收於氏著，《昨天的與世界的：從文化到人物》（北京：北京大學出版社，2007），255。

〔註121〕 1900 年 2 月 13 日記，《張謇日記》，收於張謇研究中心（編），《張謇全集》（南京：江蘇古籍出版社，1994），第六卷，432～433。

〔註122〕 王國維致許同藺信（1898 年 9 月 25 日），收於劉寅生，袁英生（編），《王國維全集：書信》（臺北：華世出版社，1982），17。

〔註123〕 鄧小軍，〈陳寶箴之死考〉，收於中山大學歷史系（編），《陳寅恪與二十世紀中國學術》（杭州：浙江人民出版社，2000），531～552。

〔註124〕 〈文牘：都察院代遞總檢察廳廳丞王世琪等請開復已故湘撫陳寶箴原官呈〉，《國風報》，1：3（上海，1910 年 3 月 11 日），127～129。

等推行，梁啓超、譚嗣同等人其實並沒有關鍵性的影響力。（惟其具有給他們的參與，有其象徵性的意義）如果不是江標能充分運用學政的職責，以新學取士，並編纂新學書籍以教化士人，則維新之風氣沒法成功開展；陳寶箴則充分認識到湖南一地在各方面上的條件，並能以此來作爲施政之參考，逐步推行新政。因此湖南一省能在戊戌時期成爲地方推行新政有力的省份，陳寶箴等人實有相當重要之功勞。

陳寶箴等人能成功推行新政，亦因張之洞能與其衷誠合作，在政策推行上多所配合，使陳寶箴等人在施政時得心應手。不過，張之洞因在新政推行後期，對於維新派人士之言論多所批評。故此，在很多研究中，被歸類爲「守舊」一派。可是，就歷史的發展邏輯而言，清末新政之推行，大都延續維新派之主張面，在這方張之洞的角色相當吃重。例如《勸學篇》就成爲清末推動新式學堂教育的範本，亦成爲學堂年青士子之指定閱讀書籍。〔註125〕因此，以「守舊」來定位張之洞，並不足以說明其思想之特性。

湖南新政的成果，成爲日後新政的仿效對象。例如在《皇朝新政文編》中，就收有一篇名爲〈論湘省振興西學之速〉的文章。在此文中，讚揚陳寶箴與江標「慨念大局，丕引新萃」，使得湖南一地之士風爲之一變，「兩年以來，成才日眾。昔之以守舊目之者，今悉以創開風氣稱之。」〔註126〕可見湖南新政的成就，的確受到後人的高度肯定。

不過，如仔細對於湖南新政的內容作出深入之探討，則會發現其往往受限於各種客觀條件，而使得其成效不如官吏與士紳之預期。其中一項新政的措施，便是保衛局。

〔註125〕朱峙三，〈兩湖書院——兩湖總師範學堂〉，《武漢文史資料》，1986：1（武漢，1986年3月），76。

〔註126〕佚名，〈論湘省振興西學之速〉，收於金匱闕鑄補齋主人（編），《皇朝新政文編》（臺北：文海出版社，1987），卷五，260～262。惟原文出處不詳，推斷其寫作時間應爲1897～1898年間。

第三章　從湖南保衛局看湖南新政
的實行狀況

　　以往，論者在探究戊戌變法對中國的影響時，認爲其失敗，使得清廷失去最後改革的時機。不過，若仔細審視這些政策實行之後的效果，與維新人士的設想，其實存在著一定程度的落差。在湖南新政的政策中，保衛局具有相當的代表性。故在檢討湖南新政的成效時，不能不探討保衛局的作用。

　　在一些探討中國警察制度發展的論著中，都把保衛局視爲中國實施西方警察制度之先聲。〔註1〕在湖南新政據行前期保衛局被視爲成敗關鍵，新政的主事者如黃遵憲、陳寶箴等，都強調保衛局在新政中的重要影響力，並對保衛局之推行寄予厚望。但在保衛局推行的過程之中，遭遇到不少困難，又說明了變法思想與現實環境之間所有在的落差。因此，本章將探討湖南保衛局推行的前因，以及在其推行過程中的種種困難，作出深入的探討。

　　在現時相關的中文文獻中，大都肯定保衛局作爲警察制度先聲的地位，有學者對於保衛局的興廢過程，作出詳細的分析。〔註2〕唯少有從其思想上的源流進行探討，即爲何在晚清時期會有推行保衛局制度的訴求，以取代中國原有的保甲制度？爲何黃遵憲等人會把保衛局視爲湖南新政成敗之關鍵？保衛局與清末新政中的巡警制度又有異同？就目前所見的中文著

〔註1〕如：王家儉，《清末民初我國警察制度現代化的歷程（1901～1928）》（臺北：臺灣商務印書館，1984），22；韓延龍，《中國近代警察史》（北京：社會科學文獻出版社，2000），上冊，24～48。

〔註2〕蔡開松，〈湖南保衛局述論〉，《近代史研究》，1990：1（北京，1990年2月），109～124。

作，似未詳作論述。有學者注意到保衛局在湖南新政中的關鍵作用。藤谷浩悅對於保衛局概念的形成過程，與黃遵憲、陳寶箴等人對於保衛局的構思，進行詳細的分析。他還把研究視野擴展到長沙搶米暴動，以此來探討湖南保衛局的影響。〔註3〕目黑克彥則運用皮錫瑞《師伏堂日記》，探討湖南保衛局實施過程中所遭遇到的問題與困難，爲讀者在了解其運作時，提供清晰的視野。〔註4〕但其對於保衛局思維的形成與實踐，似未有所申說。中村義在探討兩湖地區 1900 年後的民變時，對於保衛局的設立與湖南教案之間的關係，亦有所研究。〔註5〕而研究者基於後見之明，往往把反對維新的士紳標爲守舊，這往往會忽略他們言論的重要性。因此，當要重新檢討湖南保衛局之評價時，必須先把兩方之意見，放在同一個標準上加以檢視。

另一方面，保衛局並非單純作爲一個治安機關。有論者就探討保衛局在促進晚清地方自治中所扮演的角色〔註6〕。黃東蘭把保衛局放在中國近代地方自治思潮的脈絡中加以思考，認爲保衛局已具備地方議會的某些特性，爲中國地方自治的最早嘗試。〔註7〕因此，不能單以警察制度去看待湖南保衛局的特質，而應把其視爲各種不同的思想資源在中國的相遇與結合下的產物。

本文會對於保衛局概念在中國的形成進行探討，了解當時如何想像與刻劃西方或日本的警察制度，並意圖把它搬到中國實行。

第一節　保衛局概念之形成

清初爲有效對人民進行管治，因此頒布 "保甲法"，規定「各府州縣衛所鄉村，十家置一甲長，百家置一總甲」〔註8〕，成爲維護社會秩序的機制。清

〔註3〕 藤谷浩悅，〈湖南變法運動の性格について：保衛局を中心に〉，收於辛亥革命研究會（編），《中國近現代史論集——菊池貴晴先生追悼論集》（東京：汲古書院，1985），109～137。

〔註4〕 目黑克彥，〈湖南変法運動におけろ保衛局の歷史的位置〉，《東北大學東洋史論集》，2（仙台，1986），107～142。

〔註5〕 中村義，〈洋務‧變法と民變——1898 年の兩湖地區をめぐつて〉收於田中正俊（編），《講座中國近現代史》，2（東京：東京大學出版会，1978），147～175。

〔註6〕 朱英，〈戊戌到辛亥地方自治的發展——湖南保衛局與上海總工程局之比較〉，《近代史研究》，1994：4（北京，1994 年 8 月），88～105。

〔註7〕 黃東蘭，〈近代中國地方自治話語試論〉，收於賀照田（主編），《顛躓的行走：二十世紀中國的知識與知識份子》（長春：吉林人民出版社，2004），3～31。

〔註8〕 《大清世祖章（順治）皇帝實錄》（臺北：華文書局，1964）卷七，10a（頁81）。

朝中葉，由於國力不振，保甲制度亦無法維繫地方秩序。〔註9〕眼見保甲制度之不振，不少士人都提出一些改良保甲制度的建議。租界則提供他們不少靈感。

在近代中國史上，通過條約的確立，外國人得以在其指定的通商口岸定居，形成租界。在租界之中，外國領事擁有裁判權，能對區內的刑事案件進行審訊。同時為維持租界的治安，巡捕便應運而生。1845年上海英租界設立之初，雇用中國人擔任更夫，負責鳴警報更的工作。1854年，更夫變為巡捕，由工務局指揮。〔註10〕1885年，工務局在上海租界外之道路設置巡捕房，以保護租界居民之安全。〔註11〕其後，巡捕成為維持租界秩序的重要角色。

在一本上海的導覽手冊中，對於巡捕就有以下的描述：「工部局所設巡捕，半為西人，半為華人。華人由有業者具保承充，衣有中西號數，使人易識。晝則分段查街，夜則腰懸暗燈。西捕掛刀，華捕執棒，通宵巡緝，故洋場盜賊潛踪，市肆安謐。遇小竊獲案，次日解送會審公廨訊究。」〔註12〕時人對於巡捕的辦事速度讚譽有加，認為巡捕「遇有要事，電報傳信，迅速無比。」〔註13〕《申報》有一篇名為〈巡捕論〉的文章，認為「扒竊之術，愈出愈多，而膽亦愈大。緝捕之法，愈出愈變，而心亦愈細，以細心乘大膽，宜其術之終破也。而其探緝之勞，跟尋之密，真有隨處留神，倘縣捕盡如洋捕，又烏見偷風之不能弭哉！」〔註14〕可見時人對於巡捕制度具有正面的評價。中國士人在遊歷租界時，看到其井然有序。在反思其原因時，往往歸功於巡捕制度之實行。如陳熾在〈仿設巡捕說〉一文中，就對巡捕制度讚賞有加，認為：

> 故西人他種新法，或未能盡善，或中外情形不同，推而行之，尚須參酌。而惟巡捕一端，闇合古者虞人游徼之制，可謂精詳周密，毫髮無疵。大用之則大效，小用之則小效。此英吉利所以東攝印度，

〔註9〕　有關清代保甲制度之實施，可參看：華立，〈清代保甲制度簡論〉，收於中國人民大學清史研究所（編），《清史研究集》第六集（北京：光明日報出版社，1988），87～121。

〔註10〕　蒯世勛，《上海公共租界史稿》，收於上海人民出版社（編），《上海公共租界史稿》（上海：上海人民出版社，1980），347。

〔註11〕　蒯世勛，《上海公共租界史稿》，收於上海人民出版社（編），《上海公共租界史稿》，423。

〔註12〕　葛元煦，《滬游雜記》（上海：上海書店出版社，2006），84。

〔註13〕　葛元煦，《滬游雜記》，48。

〔註14〕　〈巡捕論〉，《申報》1872年7月3日，第1版。

西併美洲屬地，偏於全球，威稜震於四海。〔註15〕

因此，他們開始注意到西方的警察制度，並認爲可以仿照西方，在中國實施警察制度。陳熾提出以下的構想：

> 改弦而更張之，請先自京師始，酌增練勇名數，參仿巡捕章程。番役之疲羸，急宜裁革，街道之費用，力杜侵漁，內城責之金吾，不可以他官兼攝，外城責之御史，不宜以一歲遽更。編立門牌，疏通渠道，街衢必潔，稽察必嚴。愼選賢能，務除冗濫，互相糾正，毋許瞻徇，偶有弊端，罪其主者。官款不足，量取民捐，涓滴歸公，敷用而止。行之一歲，政令大行，然後詳定規條，頒行天下。通商各埠，巡捕亦皆易用華人。迹其偵察非常，亦古胥虞人之職，一在郊野之外，一居都邑之中也。〔註16〕

至於宋恕則認爲「將欲除暴安良，必以師西法，設巡捕爲要務。」〔註17〕可見中國士人普遍對於西方的警察制度存在好感，認爲其一旦在中國實施，則有助於中國的發展。

從保衛局的實行中，亦可看到地方自治思潮的影響。自明清以來，士人對於地方自治多有所思考。經常爲學者研究所提起的，爲顧炎武在《日知錄》中所提出的觀點，他認爲「天下之治，始於里胥，終於天子，其灼然者矣。故自古及今，小官多者其世盛，大官多者其世衰」〔註18〕，因此顧炎武提出「以縣治鄉，以鄉治保」的主張，以鄉官來作爲輔助統治的角色。顧炎武地方政治改革論的主要目的在於在政治體制內實行「以集權爲前提的分權」，並以「鄉官」這種角色來補充縣級統治的不足。〔註19〕太平天國之亂後，中央

〔註15〕陳熾，〈仿設巡捕說〉收入：麥仲華（編），《皇朝經世文新編》（臺北：文海出版社，1972），卷三〈官制〉，333～335。

〔註16〕陳熾，〈巡捕〉，《庸書・外篇卷上》，收於趙樹貴、曾麗雅（主編），《陳熾集》（北京：中華書局，1988），99。

〔註17〕宋恕認爲：「今宜設創設司捕局，無論城市、村落，一體密布明暗巡捕；京局之長曰司捕上大夫，州局之長曰下大夫，縣、鄉、聚之長曰上、中、下士；明捕賢者升暗捕，暗捕賢者升下士，列職官，如是遞升至上大夫。」見：宋恕，〈司捕章第十七〉，《六字課齋卑議・變通篇》，收於胡珠生（編），《宋恕集》，上冊（北京：中華書局，1993），142。

〔註18〕顧炎武，〈鄉亭之職〉，《日知錄集釋》卷二（臺北：國泰文化事業有限公司，1980），182。

〔註19〕黃東蘭，〈近代中國地方自治話語試論〉，收於賀照田（主編），《顛躓的行走：二十世紀中國的知識與知識份子》，註32，28。

無力顧及地方。顧炎武的主張重新爲人所重視。如陳熾就引用顧炎武的說法，提出「各府、州、縣，則仿外洋議院之制，由百姓公舉鄉官。」凡「邑中有大政疑獄，則聚而咨之，興養立教，興利除弊。有益國計民生之事，則分而任之」，如「縣官貪虐，大失民心，合邑鄉官亦可會同赴省，白之大府，查有實迹，照例撤參。」〔註20〕

這些思潮所交集出來的結果，便是戊戌時期湖南保衛局的創辦。但是，沒有實質主持人在政策上的推動，士人的想像終究只是空言。政策的實施與推行，還是需要官員的積極推動。而湖南保衛局之創辦，就是黃遵憲所主持的。以下將對於黃遵憲如何推動保衛局之成立進行論述。

第二節　黃遵憲與湖南保衛局的成立

黃遵憲，字公度，別號入境廬主人。廣東嘉應州人。1867年中秀才，1874年以拔貢生的資格赴京應考，惟名落孫山。在此之後，黃遵憲曾遠赴香港、上海等地遊歷，見識到上海等地在西人統治下的景象。他於1876年中舉。同年十二月，同鄉何如璋赴日出任首任駐日公使，黃遵憲出任其參贊，展開其外交家之生涯。〔註21〕期間黃遵憲與日本文人建立深厚的關係。在其文集中，保存不少他與日本友人之間的筆談紀錄。在離開日本後，黃遵憲又出任駐新加坡總領事等職。回國以後，於1897年出任湖南鹽法道一職，專司刑法等職務。在湖南巡撫陳寶箴之支持下，黃遵憲得以大展拳腳，實踐心目中的新政藍圖。

其時，日本正朝著建立近代國家體制的道路進發。他亦十分留意日本的急速發展。因此，他把其研究心得寫成《日本國志》一書，成爲當時中國人研究日本時的重要著作，亦間接爲戊戌變法埋下種籽。〔註22〕光緒皇帝對於《日本國志》亦甚爲欣賞，曾要張元濟代尋此書。〔註23〕可見《日本國志》

〔註20〕陳熾，〈鄉官〉，《庸書・內篇卷上》，收於趙樹貴、曾麗雅（主編），《陳熾集》，17～18。

〔註21〕關於何如璋使日一事，可參看：實藤惠秀（著），陳固亭（譯），《明治時代中日文化的連繫》（臺北：中華書局，1971），1～67。

〔註22〕可參看：呂万和，《明治維新と中國》（東京：六興出版，1988），173～179；關於黃遵憲如何受到日本之影響，可參見：Noriko Kamachi, *Reform in China：Huang Tsu～hsien and the Japanese Model*（Cambridge and London：Havard University Press, 1981），pp31～124.

〔註23〕張元濟，〈戊戌變法的回憶〉，收於張元濟，《張元濟詩文》（北京：商務印書館，1986），233。

的確爲當時人所重視。

圖 2-1：黃遵憲《日本國志》封面

資料來源：黃遵憲，《日本國志》（清光緒 24 年（1898）上海圖書集成印書局版本，
　　　　臺灣國立政治大學圖書館藏）

　　在書中，黃遵憲對於日本的政治制度作出詳細的介紹，對於剛實施的警察制度，尤其表現出濃厚的興趣。他在《日本雜事詩》中，不少詩詞記載了他對於日本警察制度的印象。如他說日本「警視之職，以備不虞，以檢非爲；總局以外，分區置署」，並謂「此官西法之至善者也。」他亦有描寫日本的監獄，謂「牢獄極爲精潔，飲食起居均有常度，病者或給以酒漿，但加拘禁，不復械繫。一切諸苦，並不身受；雖定罪處絞者，行刑時或引教士及神官僧人，爲之諷經，俾令懺悔，仍祝以來生得到天堂云。」〔註24〕而日後所推行的湖南新政中，保衛局之構想與黃遵憲對於日本之警察制度的描述，亦有諸多相同之處。（參看附錄一）

　　誠然，中、日兩國同樣處於與西方開始緊密交流的階段。在接收同一種事物／概念時，會因爲國情之不同，而產生不同的結果。如日本在引進警察

────────────

〔註24〕黃以遵憲，《日本雜事詩》（臺北：文海出版社，1974），45～46。

制度時，亦與日本的武士傳統有所調和。〔註25〕而在中國的情境之中，亦不能忽略外來之思想資源如何與本土的思想資源進行結合。所以，不能把保衛局之設立，單純視爲西方警察制度之引入，而應視爲一種文化交流下的產物。

　　在湖南新政諸多措施中，由黃遵憲主持的就有保衛局、遷善所、整頓吏獄、課吏館四事。其餘如時務學堂、南學會、湘報等，黃遵憲亦參與其中。不過，在諸多新政措施中，他認爲保衛局「爲凡百新政之根柢，若根柢不立，則無執行之人，而新政皆成空言。」〔註26〕因此，黃遵憲一直促成保衛局的建立，以作爲新政之基礎。在戊戌政變以後，湖南巡撫俞廉三的奏折中，就對其創辦原因有所說明：

> 查湖南省，前於同治十年，經前湖廣總督臣李瀚章奏明，在省城設立保甲局，責成臬司會紳妥辦，原定章程，本極周備，相沿日久，漸就具文。光緒二十四年，前撫臣陳寶箴，因人心浮動，伏莽堪虞，兼以前此德國人諤爾福等游歷至省，痞徒嘩譟，幾釀釁端，意欲別求善策，適前署臬司鹽法道黃遵憲，以久在外洋，極言歐美諸洲政治，咸以設巡捕爲根本。爰議改保甲局爲保衛局，倣照上海等處租界巡捕成法，於省城內設保衛總局。〔註27〕

在奏折中，有兩點值得注意：第一，指出原有的保甲制度「相沿日久，漸就具文」，已失去維持地方治安的作用；第二，即因應當時湖南所面臨的新局面，因而有意改革原有的保甲制度，參照租界的巡捕制度，以作爲湖南新的保安制度。第一點在前文有所說明，第二點則有必要從當時湖南外在環境的變化開始談起。

　　在鴉片戰爭以後，外國人士得以深入中國內部進行觀光或傳教活動，令

〔註25〕關於明治時期西方警察制度引進日本的過程，可參見：大日方純夫，《近代日本の警察と地域社会》（東京：筑摩書房，2000），4～30；作者把警察制度的建立視爲日本走向近代國家形態的重要特徵，亦能把它視爲日本深受西方近代國家形態影響的明証。至於 D.Eleanor Westney 則對於警察制度如何在德川末期至明治後期日本演變的過程，有詳細的分析，參見：D.Eleanor Westney,*Imitation and Innovation*： *the transfer of Western organizational patterns to Meiji Japan*（Cambridge, Mass.： Harvard University Press, 1987）,pp.33～99.

〔註26〕梁啓超，〈戊戌政變記〉，收於中國史學會（主編），《中國近代史資料叢刊：戊戌變法》，第 1 冊，303。

〔註27〕湖南巡撫俞廉三摺（光緒二十四年十二月十三日），收入：國家檔案局明清檔案館（編），《戊戌變法檔案史料》（北京：中華書局，1958），501。

中國士人與外國人接觸的機會大大增加。由於文化上的差異，衝突時有發生。這些衝突之中，最有代表性的莫過於教案。自 1860 年北京條約簽訂以後，天主教與基督教的傳教士即開始進入內地傳教，數十年間累積相當之成績。〔註28〕但亦引起了士紳和農民的抵制。在湖南一地，1862 年在湘潭、衡州地區就曾發生大規模的反教暴動，雖然在地方官府的調停下平息，但是士紳對於傳教士依然抱持著敵對的心態。〔註29〕在戊戌法前的十年間，更發生三十宗教案。〔註30〕其中，最有名就是為周漢反教案。

周漢為湖南士紳，於 1890～1892 年間於兩湖地區傳佈反教文宣。這些文宣對於民間反教意識的高漲，具有深遠的影響。在各國駐湖南領事的壓力下，總理衙門出面干涉。湖南巡撫陳寶箴即以其患有瘋病為由，將其收押。〔註31〕1895 年，法國教士安熙光在湖南臨湘一地，因購地問題與當地居民發生爭執，法國駐漢口領事更曾一度派遣軍艦巡戈常地，以到達新施加壓力的目的，此事引起清政府的關注。〔註32〕1897 年英國公使寶納樂在照會中云：教士計約翰「在湖南省游歷四十餘日，官民待之較上年甚好；不料至長沙府，相待既屬輕慢，且被毆打」，故清廷告誡地方官員「照約保護英人在長沙游歷」，「嗣後遇有貴國教士在長沙等處游歷，務須妥為保護，以敦睦誼」〔註33〕；在邵城有小童因遭教會人士掌摑，導致民眾放火燒燬教堂。〔註34〕層出不窮的教案，使在湖南的外國人深感威脅，要求本國政府予以保護。地方官員則極力避免外國的介入。因此，教案的發生使湖南的官員與士人倍感壓力。

由於湖南位處長江中游，佔有有利的交通位置。西方人亦注意到湖南的地理優點，因而有意在湖南開埠。當時香港的西文報紙，有一則報道就認為：

〔註28〕 可參見：張朋園，《中國現代化的區域研究——湖南省（1860～1916）》（臺北：中央研究院近代史研究所，1983），96～105。

〔註29〕 關於此事之研究，可參見：佐佐木正哉，《清末排外運動の研究・第 1 冊》，《近代中國》12 卷（東京：巖南堂書店，1982），187～196。

〔註30〕 張朋園，《中國現代化的區域研究——湖南省（1860～1916）》，105～106。

〔註31〕 關於此事之研究，可參看：呂實強，〈周漢反教案（1890～1898）〉，《中央研究院近代史研究所集刊》，2（臺北，1971），417～461。

〔註32〕 關於此事之始末，可參見：湖南省志編纂委員會（編），《湖南近百年大事記述》（長沙：湖南人民出版社，1959），134～136。

〔註33〕 中央研究院近代史研究所（編），《中國近代史資彙編：教務教案檔》，第六輯（二）（臺北：中央研究院近代史研究所，1974），1164。

〔註34〕 〈交涉：湖南教案〉，《集成報》，第 18 冊，1897 年 10 月 20 日，22a（總頁1037）。本論文所引用之版本為：《集成報》（北京：中華書局，1991）。

「湖南如開通商口岸，則中國進步可期迅速。」〔註35〕與此同時日本因眼見湖南的有利位置，則有意在湖南經營航路，「已有日人多人，整頓己國貨物，使其設法多銷矣。」〔註36〕後來所關係的湖南輪船株式會社，即是一例。可見外國相當重視湖南的經濟利益同設法進行經營。

　　英國最先要求清政府開放湖南的湘潭，因此地為湖南的米市，商業發達，且位於湖南的心臟地帶，能打入湘潭，則全省無處不可伸展。〔註37〕不過，其要求遭到當地士紳與官員的異議。因此，清朝政府把湘潭換成岳州，並於1897 年正式開埠。此後，外國人得以大舉進入湖南，對於湖南形成一大衝擊。1898 年 5 月於湖北沙市，一些湖南遊民與招商局更夫因故發生爭執，進而引發暴動，英國怡和洋行、日本駐沙市使館遭當地民眾燒毀。〔註38〕此事引起英、日等國的抗議。日本向清廷提出三項要求，其中要求清廷「將各外國人身家、財產一體優待保護，勿再有如此之事。」〔註39〕因此，如何改善地方治安，以提供營商環境的保障，以促進湖南新政的推行，亦成為黃遵憲等人的主要考量。

　　所以，在官府的執行下，向士民實行教誨，以勸導他們要與前來湖南的外國人和平共處，以免阻力新政發展之步伐。在《湘報》中所連載的通俗小說〈工程致富演義〉中，就有這樣的敘述：

> 你們用磚頭瓦塊打了，只傷得他一二人，於他國全不要緊，他的國
> 王得信，先與皇上是有約的，你的人也來得我國，我的人也來得你
> 國，和好時兩下往來，賓主相待。你們打了他的人，他國王就怪朝
> 廷失信，皇上不能說這是百姓打的，與我無干，他做一國之主，難
> 道說自己的百姓都管不著了？若是沒有話說，他就要皇上賠他的
> 銀，辦鬧事的人，甚至要割地方。你們不曉得其中道理，只說　朝

〔註35〕〈西文譯編：湖南通商論〉，《時務報》，第 51 冊，1898 年 2 月 11 日，19a（總頁 3483）。

〔註36〕〈論湖南通商事務〉，《昌言報》，第 1 冊（1898 年 8 月 17 日）。

〔註37〕張朋園，《中國現代化的區域研究——湖南省（1860〜1916）》，110；王曾才，〈英國對華外交與門戶開放政策〉，《中英外交史論集》（臺北：聯經出版社，1979），82〜89。

〔註38〕關於此事之始末，可參見：張之洞，〈鄂督撫張之洞譚繼洵奏湖北沙市客民細故肇焚毀關局延燒華洋房屋獲犯審結摺〉，《清季外交史料》（臺北：文海出版社，1963），卷 134，1A〜6B（頁 512〜514）。

〔註39〕張之洞，〈鄂督撫張之洞譚繼洵奏湖北沙市客民細故肇焚毀關局延燒華洋房屋獲犯審結摺〉，《清季外交史料》，卷 134，4B（頁 513）。

廷怕他，你道朝廷眞個懦弱否？〔註40〕

維新人士亦在南學會中通過問答與講演的方式，教育士人如何避免與外人產生衝突，以維持湖南新政的穩定發展。

除了教育民眾以外，亦需在制度上有所配合。因此，黃遵憲便有意設立保衛局，以代替原有的保甲制度。皮錫瑞記載：「聞黃公度改保甲局爲保衛，仿設巡捕，如有實際，勝保甲遠矣。」〔註41〕黃遵憲亦曾對皮錫瑞說：設立保衛局之目的，是「恐洋人至滋事，托巡捕保護，而不能明說，故章程不及。」〔註42〕他亦在課吏堂上向官吏「告以交涉之學，即以明交涉者，委之住札各處敎堂前後，保護敎事，計不過數十處，雖每年費數千金，然較之賠款巨萬，相去遠矣。」〔註43〕陳寶箴亦認爲「省城內外，戶口繁盛，盜賊滋多，痞徒滋事，不免擾害」，原有的保甲團防「力不足以彈壓，事亦隨而廢弛。」故此，設立保衛局的目的，即「意在官民合辦，使諸紳議事，而官爲行事。」〔註44〕在陳、黃二人的策劃之下，保衛局得以正式開設。

第三節　湖南保衛局推行之狀況

在〈保衛局章程〉正式頒布之前，唐才常就在《湘報》上發表名爲〈論保衛局之益〉的文章，對於保衛局的優點有以下的說明：「保衛局何爲而設？所以去民害，衛民生，檢非違，索罪犯，而官紳士商種種利益，罄簡難書也。」他強調「豈吾湘地痞之充斥、會匪之潛滋、差役之訛詐、強丐、夜竊之窩藏、道路之穢塞致疾、商店之謠風倒閉，俱一無聞見，而以掃蕩廓清之保衛局爲不然耶？」爲使士紳們了解保衛局制度與保甲制度之差異，唐才常通過自問自答的形式，先假設士紳們對保衛局的疑問，再給予解答。例如「中國向來有保甲、團練之法，何必於西人是師？」，唐才常則引用《周禮》等書之記載，以說明「且凡事但求有益而已，不必問其中與西也。」

〔註40〕 楊子玉，〈工程致富演義：英國得利之工程（續第六段）〉，《湘報》，94 號，1898 年 6 月 25 日，373a～b（總頁 853～854）。

〔註41〕 清光緒二十三年十二月十三日（1898 年 1 月 5 日），〈師伏堂未刊日記〉，《湖南歷史資料》，1958：4（長沙，1958 年 12 月），82。

〔註42〕 清光緒二十四年正月三十日（1898 年 2 月 20 日），〈師伏堂未刊日記〉，《湖南歷史資料》，1958 年 4 期（長沙，1958 年 12 月），96。

〔註43〕 清光緒二十四年正月三十日（1898 年 2 月 20 日），〈師伏堂未刊日記〉，《湖南歷史資料》，1958 年 4 期（長沙，1958 年 12 月），96。

〔註44〕 〈臬轅批示〉，《湘報》，3 號，1898 年 3 月 9 日，11a（總頁 22）。

在文中，他強調：

> 西人之覘國勢者，入其疆，土地辟，市政修，萬民和樂，令行禁止，即為有文化之國，而根本實原於警部。不特此也，保衛局不立，則戶口不清；戶口不清，則匪徒不靖。處藏垢納污之所，不獨兵不可練，無論如何新政，皆形窒礙，是此舉為一切政治之根原也。〔註45〕

至於時務學堂教習韓文舉，亦在時務學堂的講習中認為「西漢制度最好，自天子以至縣令，無不以農功為務，官製疏通。其時所以多循吏，所以設游徼，即今西人巡捕。」〔註46〕可見支持保衛局之人士都以「西學源出中國說」以作為他們提出變法訴求的根據。

在唐才常等人的配合下，黃遵憲就於《湘報》中正式頒布〈保衛局章程〉〔註47〕，宣告保衛局開始籌辦。在章程之第一條中，即表明「此局名為保衛，實為官、紳、商合辦之局」，且聲明其職責為「去民害、衛民生、檢非違、索罪犯」。在保衛局的組織架構方面，「設議事紳商十人，一切章程，由議員議定，稟請撫憲核准，交局中照行。」如巡撫對保衛局的決策表示異議，「應由議員再議」；如巡撫有意在地方推行任何政策，「亦飭交議員議定稟行」。章程中對於官吏與士紳的職責有清楚的劃分：「凡局中支發銀錢、清理街道、雇募丁役之事，皆紳商主之；判斷訟獄、緝捕盜賊、安置犯人之事，皆官主之。」由此可見：在保衛局的一般事務上，由紳商主導；而當涉及刑法方面的事務，則由官府負責。

保衛局於長沙城中設立總局，由總辦作為其最高負責人，總辦之人選「由司道大員兼充，以二年為期」，議事紳士之任期與其相同，「期滿再由本城各紳戶，公舉其有權舉人之紳士。」保衛局於城中設立五所分局。每所分局轄下，均設有六所小分局。每分局都有局長與副局長，每小分局則由理事委員負責管理，副理事則協助其管理分局，其成員由士紳出任。每小分局設巡查長一名、巡查吏二名、巡查十四名；小分局三十所，共設巡查四百二十名。保衛局對於巡查有相當嚴格的規定：「一，須年在二十歲以上三十五歲以下者；二，須曾經讀書識字，粗通文理者；三，須身體強健，能耐勞苦者；四，須性質和平，不尚血氣者；五，須有保人；六，須考驗；

〔註45〕唐才常，〈論保衛局之益〉，《湘報》，2號，1898年3月8日，5a（總頁9）。
〔註46〕《湖南時務學堂答問》，49a～49b。
〔註47〕〈湖南保衛局章程〉，《湘報》，7號，1898年3月14日，26b～28a（總頁52～55）。

七，不准以曾經犯罪之人充當。」對於巡查本身所要負責的職責亦有以下
之規定：

一、凡有殺人放火者、鬥毆傷者、強竊盜者、小竊掏摸者、奸淫誘
者，見則捕之。有民人告發，則訴其事於局，執票拘捕之。

二、凡行路之人，無論天災人事，遇有急難，即趨救之。醉人、瘋
顛人迷失道路，即送歸其家；殘疾人、老幼婦女、過客均加意
維護。

三、凡所轄地內，道路之大小、市街之長短、戶口之多寡，必一一
詳記；所住人民，必熟悉其身家品行，若無業人及異色人，常
默察之。

四、凡聚眾結會、刊刻謠帖、煽惑人心者，見即捕拿。

五、凡街區擾樂之所、聚會喧嘩之事，應隨時彈壓，毋令滋事。

六、車擔往來，礙行道傷人物者，應設法安排，毋令阻道。

七、道路污穢，溝渠淤塞，應告局中，飭司事者照章辦理。

八、凡賣飲食物，質已腐敗或物係偽造者，應行禁止。

九、見有遺失物，即收局中，留還本人。〔註 48〕

章程中對於巡查的職權亦有不少的限制，如「非奉有本局票斷，不許擅入
人屋」、「不准受賄，亦不准受謝」等，如有不遵從規定者，都有相應的處
分。作為保衛局之巡查，其儀容舉止都受到約束，「不准打人，並不許擅以
聲色威勢加人；內處同事，外對眾人，務以謙和温順、忠信篤實為主」此
外，巡查之上班時間採取輪休制。〔註 49〕並設有巡查各項章程，對巡查有
所規範。

〔註48〕 〈湖南保衛局章程〉，《湘報》，7 號，1898 年 3 月 14 日，26b（總頁 52）。
〔註49〕 〈保衛局章程〉中對於巡查的上班時間的規定如下：共「分為兩班，每日分
六次，每四個鐘點換班。每日從正午十二點起為第一班、至四點鐘換第二班、
至八點鐘換第三班、至十二點鐘換第四班、至四點鐘換第五班、至八點鐘換
第六班、至十二點鐘又換第一班，如是輪流，周而復始。每換班時，局中派
出後，在街巡查始行換回，換班回局後，所有食飯歇息之事，均在局中，不
許他出。」

圖 2-2：湖南保衛局總局巡查各項章程（長沙，1898 上海圖書館藏）

　　對於擔任保衛局領導階層的士紳，其職務亦有明確之劃分。總局除總辦一人外，亦需委任士紳數人，以經辦局中一切雜務和統籌各分局之相關事宜。分局之局長，其上班時間為「每日以日出到局，日入歸家，督率在局各役遵照章程。」每個小分局的理事委員，章程中對於其職務內容亦有相關之規定。理事委員之職責為協調地方人民之間的糾紛，並簽具拘提犯人之命令，並規定其「經理事務，事必身親，在局辦事，不許著袍，掛公服步行，查街乘轎」，理事委員如遇到重大事情時，「應稟知分局局長，或移知各小分局，即用理事委員銜名」，理事委員不得私自設立公案，亦不得動用私刑。為保證管理階層的素質，又增訂〈保衛局增改章程〉，規定「所用各員紳，如不遵章程，不能稱職。經會辦員紳查明，即行撤換，由總辦查明，亦即行撤換。其由各紳商指告者，經會辦總辦查悉，亦即行撤換；各小分局員紳或經分局局長副局長查悉，稟由總辦會辦察實，亦即行撤換。」〔註 50〕通過這些措施，確保管理士紳的素質。同時，保衛局的運作功能更為順暢。

　　〈保衛局章程〉頒布以後，即得到不少士人的肯定。譚嗣同認為：保衛局為「一切政事之起點」。基於當時國內外之情勢，士紳應該挺身而出，「合

〔註 50〕　〈保衛局增改章程〉，《湘報》，23 號，1898 年 4 月 1 日，91b（總頁 182）。

羣通力，萃離散、去壅蔽。先清內治，保固元庶，幾由此而自生抵力，以全其身家。」〔註51〕通過譚嗣同等人的鼓吹，士紳都踴躍加入保衛局之工作。

為明確劃分各小分局的職責範圍，保衛局把長沙城分為三十個地段，「每一小分局轄地，應舉董事四名。」〔註52〕通過對長沙城的戶口清查，對於各小分局所負責的領域都有清晰的劃分。〔註53〕每個小分局的副理事，負責管理局中之財務等事務。小分局局長擁有拘提犯人之權力，而犯人如有必要，需至保衛局轄下的遷善所中服刑。遷善所有五所，由保衛局負責管理。遷善所所收容之犯人，除了作奸犯科之徒，亦包括無業遊民。在遷善所中接受再教育（如教授手工藝等），使他們在離開遷善所，能得以維持生計，不再無所事事，對於地方治安造成影響。〔註54〕另一方面，其收入亦能補助遷善所之開銷，以減輕成本。

從保衛局之相關章程中，可以看出黃遵憲的構思周詳緊密，一面參詳日本與租界的治安制度後，一面又配合當時中國的地方自治思潮，以組成一個地方治安與自治並存的網絡，有效的補足保甲制度的不足，並使鄉紳得以參預地方事務，減輕官府的負擔。

不過，必須指出的是：保衛局只是試辦性質，且只於長沙一地實施，故其實驗性質甚強。而且，議事紳士之角色在保衛局之地位，不如地方官吏強勢。而就地方自治的性質而言，保衛局之作用並不如南學會。就此而言，保衛局只是一個執行的治安單位。這和黃遵憲的理想相距甚遠。

對士紳而言，大致肯定保衛局之用意。不過，由於保衛局之施行，只限於長沙一地。所以，對於湖南全省的影響並不顯著。所以，主事者有意把保衛局之部份措施推廣至全省。這亦得到士紳的支持。如有士紳在南學會稱讚「保衛之設，法美意良謂盡善，既弭盜風於城垣」但他亦憂慮地痞等「復熾於鄉間」〔註55〕。因此，由熊希齡起草的〈湖南通省開辦團練章

〔註51〕譚嗣同，〈記官紳集議保衛局事〉，《湘報》，25 號，1898 年 4 月 4 日，97a（總頁 193）。

〔註52〕〈保衛局公啓〉，《湘報》，24 號，1898 年 4 月 2 日，95b（總頁 190）。

〔註53〕〈保衛局劃分地段清冊〉，《湘報》，31～34 號，1898 年 4 月 11～14 日，123b、127b、131b、135b（總頁 246、254、262、268）。

〔註54〕〈湖南遷善所章程〉，《湘報》，7～8 號，1898 年 3 月 14～15 日，28a、30b～32a（總頁 55、61～63）。

〔註55〕〈南學會問答：吳煥卿問〉，《湘報》，18 號，1898 年 3 月 26 日，71b（總頁 142）。

程〉在《湘報》上正式公布，規定「通省團練保衛總局，即以現設之保衛局爲總局。凡各府廳州縣城鄉之保甲、團練、保衛均隸焉」，其成員「仍以現辦保衛局之官紳充之」。〔註56〕對此，譚嗣同認爲「各府州縣能徧設保衛局，鄉間又清查保甲，則耳目靈通，匪類自無從竊發。」〔註57〕自此保衛局之制度開始在全湖南逐漸實現。但至戊戌政變前，保衛局的實施依然只限於長沙一地。不過，官紳對於保衛局仍保持充分之信心。對此，《湘報》上在評論湖北沙市口岸的新聞，就有這樣的一則附記：

> 昨得鄂友函云：英日兩國以沙市一案，恐將來内地匪徒謀害外人。
> 相約要求政府准其在各口岸設立警察部（即巡捕），約束緝捕，以防
> 患未然云云。此議若行，則吾中國人皆不免爲外人節制矣！幸湘中
> 官紳見幾，先辦保衛局，肅清内政，使外人無以藉口。兵法所謂勿
> 恃其不來，恃吾有以待之也。〔註58〕

從這則新聞中，可以得知士紳對於保衛局開辦的樂觀心態。

在官紳的積極籌劃下，保衛局於1898年7月27日正式開辦。〔註59〕其實行初期，確能收到一定之效果，「自開辦以來，各局員紳倍極勤愼，日夜嚴飭，巡丁梭巡街市，城中無賴痞徒，漸皆歛跡。」〔註60〕對於地方治安甚有助益。如西城外二十六局巡查成功破獲拐騙人口案，拘捕販賣人口的不法之徒，使得「湘中逃拐之風」，「庶幾其或熄乎。」〔註61〕除此之外，保衛局還對長沙城進行戶口清查，使保衛局能更有效的進行地方治安的工作。〔註62〕保衛局還責令屬下分局對於其所管轄之區域實行清潔之工作，

〔註56〕　〈湖南通省開辦團練章程〉，《湘報》，40號，1898年4月21日，157a～158a
　　　　（總頁315～317）。

〔註57〕　〈南學會問答：長沙楊昌濟問〉，《湘報》，42號，1898年4月23日，166b～
　　　　167a（總頁336～337）。

〔註58〕　〈本省新聞：英日欲在各口岸合立警察部〉，《湘報》，97號，1898年6月28
　　　　日，387a（總頁887）。

〔註59〕　〈本省新聞：保衛開辦〉，《湘報》，120號，1898年8月5日，479b（總頁1156）：
　　　　「省城紳商稟請創辦保衛局，經官紳合議，妥定章程，於昨初九日，各局一
　　　　律開辦，城廂内外，人心貼然，已有成效可觀，雖前日大小西門外，偶有痞
　　　　徒滋事，已經大憲密訪，拿獲數人，當必從嚴懲辦云。」按：1898年8月5
　　　　日爲光緒二十四年六月十八日，故保衛局之創辦日期應爲1898年7月27日
　　　　（光緒二十四年六月初九日）。

〔註60〕　〈保衛近聞〉，《湘報》，124號，1898年8月10日，494b（總頁1198）。

〔註61〕　〈本省新聞：保衛詰奸〉，《湘報》，143號，1898年9月1日，571b（總頁1398）。

〔註62〕　〈本省公牘：保衛總局清查戶籍章程〉，《湘報》，146號，1898年9月5日，

如每日小分局所招聘之清道夫「每晨將所轄境內各戶門口掃出污穢棄物，收拾乾淨。」〔註63〕此政策對於長沙城內的衛生與傳染病之防治，實有莫大之助益。

不過，在當時保衛局實施的過程，亦面對一些實行上的困難。

主事者對於士紳們投入地方事務的熱誠，抱有過高的期望。在黃遵憲等人的設想中，保衛局可成為地方士紳參與地方事務的媒介。但在實際的操作上，面對不少問題。在〈保衛局章程〉中，可以看出黃遵憲有意建立一個仿照西方與日本警察制度的治安制度。但其對士紳而言，這並不是一件好差事。由於保衛局仿照西方制度，採取二十四小時的輪班制度，對於在傳統社會秩序下生活的士紳而言，很難適應此一轉變〔註64〕；而且，小分局所要管理的事務煩瑣，士紳的工作量甚為繁重。皮錫瑞就記載「遷善所止一處，在曾公祠對門，起屋百間，容五百人，委紳止一人管理並銀錢出入一切，故事極繁，但比保衛〔局〕委紳上街寫捐略好耳。」〔註65〕因此，士紳對於參與保衛局事務，都存在著一些疑慮。這對於保衛局之推行，造成一些影響。

另外，士紳參與保衛局的動機，有些是有意積極參與地方事務，為湖南人謀福利；但是，有些人則是為了個人利益而支持或反對保衛局。皮錫瑞就觀察到：「城中紳士，欲得保衛局事則贊成，有房屋怕抽捐則阻撓之。」〔註66〕由此可見，推動士紳參與保衛局的動機，並非全然出於理想，亦不免夾雜一些現實上的利益和個人私心。同時，地方所流傳的謠言，亦使士紳的態度出現轉變，皮錫瑞就觀察到「由保衛初設，奸人無所容，逐造妄言，以惑人聽，大抵以為右帥勾引洋人。此等言語，小兒所不信，而紳士願信之。開並以為洋人放毒，造火把以為迎洋人夜燒城，頗有畏怯移居鄉者。」〔註67〕這些謠言，使得士紳人心浮動，對於保衛局之施行造成影響。

582b～583b（總頁 1426～1428）。

〔註63〕〈本省公牘：保衛總局清理街道章程〉，《湘報》，147 號，1898 年 9 月 6 日，586a～587b（總頁 1435～1438）。

〔註64〕關於中國傳統社會的時間與人們生活的關連，可參看：楊聯陞，〈帝制中國的作息時間〉，收於氏著，《國史探微》（臺北：聯經出版有限公司，1983），61～89。

〔註65〕清光緒二十四年三月二十八日（1898 年 4 月 18 日），〈師伏堂未刊日記〉，《湖南歷史資料》，1959：1（長沙，1959 年 3 月），98。

〔註66〕清光緒二十四年二月初九日（1898 年 3 月 1 日），〈師伏堂未刊日記〉，《湖南歷史資料》，1958：4（長沙，1958 年 12 月），98。

〔註67〕光緒二十四年九月十二日（1898 年 10 月 26 日），〈師伏堂未刊日記〉，1981：

再者，在制度設立之初，保衛局就存在著先天的缺陷。在職責上保衛局巡捕所能作之事相當有限。雖然，〈保衛局章程〉中賦予巡查逮捕不法分子之權力。不過，就現實狀況而言，巡查所能作的，「不過彈壓口角爭鬧之事，然只可以妖言□忍，並不能恫愒呼扎。至於扭捕責打之權，更無論矣。」〔註68〕保衛局分局被毀之事，時有所聞。〔註69〕由於巡捕的功能受到限制，保衛局所能發揮的功效不如預期。

保衛局所面對的主要困難，則是在經費上的不足。在創辦保衛局之初，黃遵憲曾在公告上云：「此局開辦，現在係支領官款。開辦以後，官款不敷，自不能不取資於民。其應取何款？如何籌集？屆時再邀眾妥商」，因此，經費來源得從士紳與商人方面募捐。因此，他勸諭士紳云「今保衛局之設，以地方之財辦地方之事，仍散之地方之民，不過捆彼而注茲。通力以合作，損有餘而補不足，藉執事以養閒民，即化莠民而爲良善，不得以他項籌款比論也。」〔註70〕不過，黃遵憲的告示並沒能收到預期的效果。

俞廉三在檢討保衛局的功效時，就曾指出：保衛局之「薪水口糧等項，所需洋銀制錢，約共折合銀八九萬兩。以保甲局原支經費撥抵，不敷之數尚多，遂議於城廂店鋪，挨戶勸捐，奈近年商賈利薄，不樂輸將，籌捐之議一出，固已大拂眾情。」〔註71〕所以，向紳商勸捐之事並不順利。由於經費的籌集上出現問題，致使保衛局的推行上出現困難。譚嗣同在南學會中的講演談到保衛局在全湖南推行的問題時，就曾說過：「然鄉兵之額，亦自不能多；即以百人論，每年需錢三千數百串。」〔註72〕至於有意在湖南衡州推動保衛局的士紳亦認爲「保衛費用之鉅，以購槍爲最」，只因有「游宦各省者，可以函商捐置。」〔註73〕故才能在衡州推行保衛局。由此可見，經費不足是保衛

2（長沙，1981 年 11 月），139。

〔註68〕〈東南各省新聞：述保衛局被毀事〉，《國聞報》，第 304 號，1898 年 9 月 3 日。

〔註69〕如〈本省公牘：湖南保衛總局示〉，《湘報》，121 號，1898 年 8 月 6 日，484a（總頁 1167）。其中有云：「近有不法痞徒，百數成羣，於開局之初，在南門正街毆辱巡查；次晚又在大小西門一帶，連毀三局，似此膽大妄爲，實屬目無法紀。」

〔註70〕〈黃公度廉訪批牘〉，《湘報》，21 號，1898 年 3 月 30 日，82a（總頁 163）。

〔註71〕湖南巡撫俞廉三摺（光緒二十四年十二月十三日），收入：國家檔案局明清檔案館（編），《戊戌變法檔案史料》（北京：中華書局，1958），503。

〔註72〕〈譚復生觀察南學會第八次講義〉，《湘報》，42 號，1898 年 4 月 23 日，166b（總頁 336）。

〔註73〕〈衡州府衡陽、清泉縣士紳公懇推廣南學會與保衛局稟并批〉，《湘報》，41

局推行的主要問題。有人就曾在南學會中建議：「若各憲張貼告示，令將今年賽會之項，捐入保衛局以作費用。每年再令捐費若干，則於各廟宇既無傷，復於保衛局甚有益。」〔註74〕由此可見，保衛局對於湖南的財政，實為一個沉重的負擔。如果沒有地方官員的大力支持，保衛局實難維持。一旦主事者調職，則政策實難維持下去。

因此，隨著陳寶箴與黃遵憲的去職，湖南保衛局有難以支撐之感，終於政變後終止。由張之洞向光緒皇帝上奏，奏請將保衛局恢復為湖南新政以前的保甲制度。張之洞提出廢止的理由，是保衛局「與保甲名異實同，多立名目，設局太多，經費過鉅。勸令民捐，力有未逮。」因此，他認為「保衛局既係辦理保甲局務，其兼辦遷善習藝，亦地方應辦之事；原不必另立保衛之名，且辦事期在核實，亦不必示奇異，自應仍用舊日保甲局名，而力埽濫支敷衍之積習。」〔註75〕就現實情況而言，張之洞對保衛局之批評，確有一定之道理。

保衛局雖然存在諸多弊端。可是，時人對於保衛局仍有高度之評價，則是可以確定的。如陳寶箴在去職前，曾向張之洞坦言「保衛局足為商埠程式，即欲創行新政，如印花稅等類，亦非此不行。其法用意精深，實為一切善政始基，棄之良可痛惜。」他更建議若保衛局「不行於湘，猶冀得行鄂漢，以間執讒匿之口，留他日維新一綫之機也。」〔註76〕皮錫瑞就觀察到「大商賈亦知巡捕好，無火警、盜賊，頗願出錢」，「現議裁併，兼用保甲辦法，大抵虎頭蛇尾。」〔註77〕張之洞在徵詢湖南士紳之看法時，亦認為「均言近來頗有成效，尚無植黨情事。至兼辦遷善習藝、教養窮民等事，乃地方應辦之事。」〔註78〕而湖南的一些士紳（如王先謙、張祖同等人），亦有意重新開辦保衛局。〔註79〕由此可見，保衛局對於當時湖南的新政，實有相當重要之貢獻。

號，1898 年 4 月 22 日，162a（總頁 325）。

〔註74〕〈南學會問答：長沙袁翰溪問〉，《湘報》，45 號，1898 年 4 月 27 日，179b（總頁 368）。

〔註75〕張之洞，〈鄂督張之洞奏裁撤湘省南學會銷燬會中各書並將保衛局裁歸保甲局辦理情形摺〉，《覺迷要錄》，46～49。

〔註76〕〈致張之洞電函（光緒二十四年八月二十五日）〉，收於《陳寶箴集》，下集，1621。

〔註77〕光緒二十四年九月十二日（1898 年 10 月 26 日），〈師伏堂未刊日記〉，1981：2（長沙，1981 年 11 月），139。

〔註78〕〈張之洞致俞廉三、李經義、夏獻銘電函（光緒二十四年八月二十七日）〉，收於《陳寶箴集》，下集，1622。

〔註79〕光緒二十四年九月廿八日（1898 年 11 月 11 日），〈師伏堂未刊日記〉，1981：2（長沙，1981 年 11 月），146。

小結

從本章的論述中，可以看到中國士人如何借用西方或日本的政治經驗，以作爲他們改革中國的實驗方案。保衛局實爲一個重要的例子。黃遵憲在戊戌政變後，曾寫信與梁啓超，在信中認爲保衛局「誠使官民合力，聽民之籌費，許民之襄辦，則地方自治之規模，隱寓於其中，而民智從此而開，民權亦從此而伸」；他認爲「以民衛民，以民保民，此局昉之於中國，他日大同之盛，太平之治，必且推行於東西各國也。」〔註80〕就信件寫作的時間上來說，黃遵憲有爲自己辯護的動機在內。但是，保衛局思維背後，實隱含中國趨新士人追求國家富強之心態。這點是毫無疑間的。

保衛局的確在實行上遭遇一些困難，如來自於現實環境的限制，如紳士的參與程度、經費不足等，使得其效果不如黃遵憲等人之預期。可是，如從歷史的演變過程看來，則保衛局的實施，確能符合時代潮流，亦爲清末新政提供靈感。如巡警制度自 1905 年起於全國各地施行，對於各地區的社會環境造成不同的影響。〔註81〕而從湖南的例子，亦可說明士紳亦開始具有參與政治的意識，可視爲清末地方自治的濫觴。

而從一些「守舊派」人士的言論，亦可以看到他們的確看到保衛局的一些缺陷，如俞廉三被視爲反對新政最力之官紳，而在政變後把新政中所有措施加以取消，因而被視爲「守舊派」人士。〔註82〕但從他對保衛局的一些見解來看，亦有其見地。而他亦按照保衛局之形式〔註83〕，在其任內實行巡警制度。由此可見，他並不是盲目反對新政的官僚。繼任的端方則對巡警制度加以整頓，並收到一定之成效，如對於鎮壓兩湖地區活動的革命黨人甚有功

〔註80〕黃遵憲致梁啓超（七），收於黃遵憲（撰），《黃遵憲集》，下集（天津：天津人民出版社，2003），504～505。

〔註81〕四川的例子，可參見：王笛，〈晚清警政與社會改造〉，收入：中華書局編輯部（編），《辛亥革命與近代中國：紀念辛亥革命 80 周年國際學術討論會文集》（北京：中華書局，1994）上冊，193～209；廣東的例子，則可參見：周瑞坤，〈公共衛生與廣州城市現代化（1901～1930s）〉（臺北：國立政治大學歷史研究所碩士論文，2002），33～40。

〔註82〕如時人對俞廉三有一則這樣的記載：「俞廉三初任湘藩時，承陳寶箴意，崇尚新學，陳遂派其管理時務學堂事務。戊戌政變後，陳去官，俞繼湘撫任，竟大反陳之所爲，尤以仇視時務學堂爲最甚。」見：李伯元，《南亭筆記》（太原：山西古籍出版社，1999），345。

〔註83〕端方，〈籌辦警察情形摺〉，《端忠敏公奏稿》（臺北：文海出版社，1967），卷五，33a～34a（總頁 611～614）。

效。〔註84〕可見所謂的「守舊派」人士，並不是盲目反對維新的。

在中國近代歷史的進程中，每當西方制度引進中國時，雖然，有些確能對症下藥，有效的解決中國的問題。不過，往往會因國情之不同，而引起一些適應不良之後遺症。而這些例子，在中國近代史上比比皆是。〔註85〕保衛局之例子，正可說明此點。

當我們在探討了維新派人士在實施新政時的情況後，可以發現新政推行過程中所面對的阻礙。這些阻礙，多來自於所謂的「守舊」士紳與官僚，惟考察他們反對之理由，並非全無道理。因此，以其標爲「守舊」而把其言論加以否定，有因人廢言之感。所以，如果要把湖南新政中的論爭加以分析與重新書寫，則不能不先放下定見，對於士人之間的紛爭重新加以研究。

〔註84〕 如當時革命黨人在日本所辦的刊物《二十世紀之支那》中，其中一篇文章就對於端方興辦巡警制度有以下的評論：「湖南巡撫端方初到任時，即調滿員來湘，委辦警察。近又從荊州駐防內，挑選旗兵一百三十名，來湘教練新操。嗚呼！彼端方者，誠可謂滿人中之極力振作者矣！嗚呼！彼端方之極力振伯者，乃竟出於滿州中矣！嗚呼！彼端方輩之滿人中尚知極力振作之爲要矣！」（見：强力，〈時評：嗚呼湖南與端方〉，《二十世紀之支那》，第一期，收入：羅家倫（主編），《二十世紀之支那、洞庭湖、漢幟（合訂本）》（臺北：中國國民黨中央委員會黨史史料編纂委員會，1968），112～114。）

〔註85〕 如張朋園在研究有關中國近代民主選舉的專著中指出：由於受限於種種現實條件的限制（如國際政治上的現實因素、市民社會未能逐漸成長等），使中國的民主政治在實行過程中陷入困境。詳細討論，可參見：張朋園，《中國民主政治的困境，1909～1949晚清以來歷屆議會選舉述論》（臺北：聯經出版有限公司，2007）。

第四章　湖南士人與新政的分歧離合

　　在前兩章中，對於湖南新政實行的前因後果與實行過程中的問題，都有詳細的說明。在這兩章中。強調地方官吏具有趨新的意圖，因而使得他們在湖南鼓吹維新思潮，並在戊戌變法時成為推行新政最力的省份。不過，在探討湖南新政時，湖南士人的態度亦是一個重要的課題。雖然地方官吏以功名利祿，以促成士人學習新學，取得不錯的成績；但是士人是否認同新政，則是另一個問題。兩者實不能混為一談。

　　在以往的歷史書寫中，強調湖南新、舊兩派的鬥爭，認為「守舊派」士紳的阻撓，使得湖南新政運動遭到挫折。〔註1〕這種歷史解釋，其實存在一些盲點。例如所謂的「守舊派」士紳，要如何定義？又要如何區分？他們是單純的抗拒新政，還是有其他因素，使得他們抗拒中國維新變法的浪潮？

　　而從前兩章對於地方官吏的討論與分析之中，可以看到地方官吏雖然大力推行維新運動，惟其與康有為、梁啓超等維新人士，在思想背景上都不盡相同。例如之就江標而言，在其為脫罪而寫給李盛鐸之書信中，大力否認他與康有為等人間的關係，謂其「鄙人本不與康黨親密，何從庇護？」〔註2〕江標此言論，或有意圖脫罪之動機在內。但是，對他而言，他反而更欽佩葉德輝，如他曾寫信與繆荃孫，云「湘潭有葉煥彬吏部德輝，原籍蘇州洞庭山，入籍長沙，住居省城，校勘之學，今之思適也。藏書亦多，亦有宋元本，益吾師極稱之。吏部與前輩有聞聲相思之雅，大約同出一源者，仍是我蘇州派

〔註1〕 如：林能士，《清季湖南的維新運動，1895～1898》；湯志鈞，《戊戌變法史》，305～310。
〔註2〕 孔祥吉，〈《上木公函》與湖南學政江標〉，收於氏著，《晚清佚聞叢考——以戊戌維新為中心》，152。

也。」〔註3〕在此信中，強調其治學路徑與葉德輝相近。可見江標與康有為、梁啟超等人在學風上有所不同。

至於陳寶箴，情況亦與江標類似。根據其孫陳寅恪之說法：「南海康先生治今文公羊之學，附會孔子改制以言變法。其與歷驗世務欲借鏡西國以變神州舊法者，本自不同。故先祖先君見義烏朱鼎甫一新〈無邪堂答問〉駁斥南海公羊春秋之說，深以為然。」〔註4〕因此，陳寶箴與康有為等維新派人士在思想源流上亦有所不同，陳寶箴對於康有為之學問，亦非全然肯定。如把陳、江二人單純視為維新派人士，則會忽略他們在思想上與康、梁等人之間的差異。

以往以「維新」與「守舊」來定位此時期人物的思想性質，往往都會使歷史人物的研究流於平面，缺乏深入的了解。歷史人物行為本身，並不能以簡單的區分法加以區分，而應按照其本身對於各種問題的態度與看法，對其加以評價。

在以往對湖南新政的研究來說，還是把士人分為「守舊」與「維新」兩派。這種劃分法，或許能有助於後人有概括的認識。不過，這種區分忽略了士人之間在思想上的差異性。另外，論者往往會寄同情於主張維新變法的士人，而對於堅持傳統思想的士紳加以批判，認為他們延誤了中國「現代化」的步伐。〔註5〕羅志田另對於湖南守舊派的領袖人物王先謙與葉德輝進行分析。在他看來，王、葉二人在一定程度上都接受西學，並非全然反對變法。〔註6〕由此可見，以「守舊」來作為評斷他們的標準，似乎有欠公允。事實上，在湖南推行新政的前期，王先謙等人一向扮演著相當重要的角色。為何會一變而為反對新政的士紳代表，更成為後人歷史中的「守舊」派？由此可見：單純以「維新」與「守舊」二分，無助於我們對於維新運動中的士人之間的爭論，進行深刻而細緻的分析。事實上，在當時人看來，新舊之分並非

〔註3〕 江標致繆荃孫信（一），收於顧廷龍（校閱），《藝風堂友朋書札》，上冊（上海：上海古籍出版社，1980），396。因此信中有云：「正作書間，適接省報，知和事已有端緒，然事事吃虧，將來何以結局，究竟能了與否，此間仍不得知。」故推測此信應作於江標來湖南就任學政之前。

〔註4〕 陳寅恪，〈讀吳其昌撰梁啟超傳書後〉，《寒柳堂集》（北京：生活·讀書·新知三聯書店，2001），166～168。

〔註5〕 張朋園，《中國現代化的區域研究：湖南省（1860～1916）》，370。

〔註6〕 羅志田，〈思想觀念與社會角色的錯位：戊戌前後湖南新舊之爭再思〉，收於羅志田，《權勢轉移：近代中國的思想、社會與學術》，115～160。

如後人所刻劃般明顯。例如在戊戌政變後日本一份報刊的文章所觀察到的：當時中國的朝野，可以於分為守舊黨（頑陋黨）、漸進派（兩端派）、進取派（新政派）三類。而這三類朝野人物，又各分為八派。〔註7〕可見當時中國的政治光譜相當複雜，非後人所能了解的。

從此我們可以認識到：就算是在所謂的「守舊」、「維新」等標籤下的士人，他們內部的性質亦絕非一致。如我們把場景轉換回湖南，這種觀察仍然值得參考。因為，也有一些對於新政不表示態度的士紳，私底下卻表現出對於新政的異議。最明顯的例子就是大儒王闓運，在湖南新政進行期間，對於新政的進行沒有明確的表態。但是，從其日記中，可以看出他對於推行湖南新政中的主力人物的作為不以為然。例如他在日記中曾表示《湘報》之言論「新學鬼話一絡流，可與康祖詒【即康有為】抗行。」〔註8〕可是，王闓運對於新政並沒有公開反對。因此，在以往對湖南新政的研究中，亦沒有把他放在守舊派人士來加以討論。故此，這些「沉默」的聲音，亦值得觀察。

另一方面，作為新政的跟隨者，對於新政的內容亦非全然贊同。例如在陳恭祿的記載中，某一位時務學堂學生竟明稱時務學堂之課程無用，所講者「天文地理為俗儒常談，聞之者昏昏欲睡，講者徒費唇舌。」〔註9〕由此可見，「守舊」、「維新」的劃分法存在一定程度的問題。因此，如對於湖南新政有著與前人不同的理解，守舊、維新的思維必須要加以打破。

本文將採取地域的概念去對於湖南士人對新政的態度進行探討。在以往，學界就有不少研究，對於某一地區士人對於政治的態度與社會變遷之間的關係作出分析。〔註10〕但是，他們的論述還是存在著「守舊」、「維新」的

〔註7〕　〈支那朋黨分裂の概況〉，《東邦協會會報》，61 期（東京，1899 年 9 月 10 日），45～63。此份報刊為日本當時一些知識份子所組成的東邦協會之刊物。東邦協會是在 1890 年由福本誠等人所建立，其宗旨為「小也者，對於從事移居、貿易、航海者，可供給參考資料：大也者，可對於城內之經綸及國家王道之實踐，作萬一之補綴。」關於東邦協會的介紹，可參看：東亞同文會內對支功勞者傳記編纂會（編），《對支回顧錄》，75～678。

〔註8〕　王闓運，《湘綺樓日記》，戊戌三月十九日條，收於《湘綺樓日記》，第五冊（臺北：商務印書館，），2620。

〔註9〕　陳恭祿，〈甲午戰後庚子亂前中國變法運動之研究，1895～1898〉，《國立武漢大學文哲季刊》，3：1（武漢，1933 年），76。

〔註10〕　如：何一民，《轉型時期的社會新群體：近代知識分子與晚清四川社會研究》（成都：四川大學出版社，1992）；李世眾，《晚清士紳與地方政治：以溫州為中心的考察》（上海：上海人民出版社，2006）。

思維，而沒法對於士人在面對改革浪潮的應對時，作出貼近史實的分析。在前兩章中所談到的，都是外省籍士人對於改革的想法與在新政措施上的落實。而在這一章中，則主要針對湖南士人對於新政的態度，試圖以當時人的角度進行分析。這樣一來，對於湖南新政的認識，則能有超脫前人框架的視野。從此我們可以發現：湖南士人對於新政的態度，與他們自身的思想取向有相當大的關係；他們支持或反對新政，都有他們各自的理由，而非一昧抵制或盲目追從；同時，亦與中央的政治風氣有著微妙之互動。

第一節 湖南士人與新政之合作

在甲午戰爭以後，中國士人對於中國的處境相當憂慮。而在湖南一地，士人對於國家的形勢，亦有自己的看法。不論是作為地方鄉紳的王先謙，或是仍為生計奔波的唐才常，對於中國的困局都有深刻的體會，也有自己的看法。在以下將以他們對科舉的看法作為例子，以說明他們之間的異同。

唐才常在 20 歲時，初試童子試，以縣、府、道三試冠軍入評，俗稱小三元及第，為清代湖南瀏陽第一人。〔註 11〕但是，他並沒法更上層樓，始終無法得到任何功名。為了謀求生計，曾遊歷於四川、湖南等地，出任學幕等職，其生活甚不穩定，其年譜云其當時「家徒四壁，擔石蕭然」〔註 12〕。1893 年秋，他再度參加科試以圖功名，但未得考官青睞。他曾自述其答題方式為「首篇用《周官》、《曲禮》分柱到底，次篇多用選句，三篇用公羊家言」，但不為考官所賞識。他就曾慨歎自己時運不濟，謂「大抵本屆闈藝，多取裁經義之作，如姪淺陋，固不足言：若同輩中實往往有肠合闈藝者，乃竟無一中式之文，邑運使然，夫復何咎！」〔註 13〕在生計壓力之下，只好進入湖北兩湖書院謀生。但唐才常自覺在書院任事，終非長久計，且不足以瞻家，故亦不就書院事，於 1895 年夏重返瀏陽再圖善策。〔註 14〕

唐才常在寫給他的老師歐陽中鵠的信中，認為：「開關以來，夷狄之禍，無代無之，未有如今日之四鄰環伺，門闥洞開，毫無準備者。」〔註 15〕雖然

〔註 11〕 陳善偉，《唐才常年譜長編》，上冊，8。
〔註 12〕 陳善偉，《唐才常年譜長編》，上冊，52。
〔註 13〕 〈唐才常致歐陽中鵠書〉，收於湖南省哲學社會科學研究所（編），《唐才常集》，224～225。
〔註 14〕 陳善偉，《唐才常年譜長編》，上冊，82。
〔註 15〕 〈唐才常致歐陽中鵠信（二）〉，收於湖南省哲學社會科學研究所（編），《唐

因迫於生活上之壓力，唐才常不得不投入科舉考試之中。但是，他與其師歐陽中鵠一樣，都對科舉不以為然，並認為科舉應作出一定的改變。唐才常曾寫信勸其弟唐才質對醫術、經書、算學、輿地等應多用心，云「蓋時事既已如此，時藝在所必廢；輿地、格致之學，在所必興。」〔註16〕至於歐陽中鵠對科舉的看去，亦值得注意。他認為：「夫讀聖賢書，不求致用，舍本務末，避實擊虛。其至愚者，以時文試帖小楷為身心性命之學。」 歐陽中鵠本人對於西學有很好的評價，認為「西學出《墨子》，其立學官人，頗得《周官》遺意，故皆能實事求是。」〔註17〕唐才常對西學的看法，亦建立於能與中學結合的前提上。他認為：「受業嘗觀泰西七大政，往往上符《周官》」，「既而得見黃遵憲《日本國志》，幾於一官一制，無不出自《周官》精意。」〔註18〕由此可見，他們接受西學的範圍，都是在中學的基礎上加以接收，並以中學的標準去認識西學。

而在湖南士人中，王先謙早就提出他對於科舉制度的看法，他在〈科舉論上〉一文中，指出「今之時文決裂橫潰，其體已不能自立。」故認為該廢除八股文，使年青士人得以「專以嗇其精神、優其日力、多讀有用之書。」不過，他認為朝廷仍應在科舉中考策論，因「國家以制藝試，則人皆讀四子書，四子書士人立身之根柢也。」〔註19〕而且，他承認「余於時文無能為役。然每與試事，競競致慎，不敢別立宗旨，好尚詭異，幸免取譏。」〔註20〕由此可見，王先謙亦與唐才常一樣，意識到清朝的體制需要作出改變。不過，為王先謙而言，儒家經典仍是相當重要的；科舉雖然存在著諸多問題，但作為支持國家運作的制度而言，仍有它的存在價值。

跟王先謙、唐才常不同，葉德輝對於清朝所面對的困局，仍是在其固有的思想來源中找尋答案。自少年起即在科舉體制下成長的葉德輝，曾自言「少承庭訓，本習宋人書，以先祖楹書多江蘇先哲遺書，藉詁經課略知經學門徑。」

才常集》，227。

〔註16〕 陳善偉，《唐才常年譜長編》，上冊，90。

〔註17〕 譚嗣同，〈興算學議——上歐陽中鵠書〉，收於蔡尚思、方行（編），《譚嗣同全集》（北京：中華書局，1981），170。

〔註18〕 〈唐才常致歐陽中鵠信（二）〉，收於湖南省哲學社會科學研究所（編），《唐才常集》，228。

〔註19〕 王先謙，〈科舉論上〉，《虛受堂文集》（臺北：文海出版社，1971），39～45（頁1a～4a）。

〔註20〕 王先謙，《清王葵園先生先謙自定年譜》，278。

〔註21〕他因「感觸吾湘經學之陋，未免見笑外人」，故「歸田後，遂以提倡經學爲己任。」〔註22〕他認爲「我朝經學之盛，超軼漢唐，上以稽古右文，提倡天下之樸學；下以窮經服古，研求先聖之遺言。」曾國藩、左宗棠等名臣能平定太平天國，穩定政局，是因爲他們「皆以理學名儒出膺艱巨，文正兼採漢宋之學。」其弟子楊樹達亦云：「吾師於三傳不喜公羊、穀梁，嘗言公、穀皆文章家，非傳說家，惟左氏文章兼盡其能，於聖人筆削褒貶之心，可以因事證明，得其微旨。」〔註23〕所以，葉德輝認爲國家興盛的關鍵在於能否「表章六經，尊崇孔孟之所感應也。」〔註24〕因此，他站在維護儒家傳統的立場，認爲士大夫要合乎傳統經學的規範，才能面對當前的變局。

　　葉德輝的看法，代表一些湖南士人對於應付變局的態度。不過，有些士子則採取反傳統的態度，對於士大夫的角色作出全面的批判。譚嗣同就是其中之一。就譚嗣同而言，士大夫作爲中國社會的主流，在面對變化萬千的時局時，依然「方更堅持舊說，負固不服，不問此時爲何時，所當爲爲何事」，「動輒夜郎自大，欲恃其一時之議論爲經濟，意氣爲志節，盡驅彼於海外以閉關絕市，竟若經數十年賢士大夫焦思極慮無以處之者，彼一橫蠻即且夕可定。」他批評：士大夫見識封閉，且對於中國面臨的危局視而不見。而且，一旦「見有識者討論實學，力挽危局，又惡其形已虛而乘己短也，從而媢之、疾之、詈之以異端，訾之以邪說。」〔註25〕因此，譚嗣同認爲在當時的環境中，士大夫的處境面臨危機，因其「養民不如農，利民不如工，便民不如商賈，而又不一講求維持挽救農工商賈之道，而安坐飽食以高談虛空無證之文與道。」〔註26〕對他而言，當今只有通過變法才能使中國免於亡國滅族的命運。

　　其他士紳的西學知識亦有相當之造詣。如鄒代鈞曾隨團出使英國與俄國，對於西方地理甚有研究。此外，他曾陪同劉瑞芬與英國領事就哲孟雄歸屬問題進行交涉〔註27〕，力陳「哲屬西藏，非印度屬也。」英國外交官就對

〔註21〕葉德輝，〈郋園六十自敘〉，3b，收於《中華歷史人物別傳集》，78冊（北京：線裝書局，2003），140。

〔註22〕葉德輝，〈郋園六十自敘〉，頁4a，收於《中華歷史人物別傳集》，78冊，141。

〔註23〕崔建英（整理），〈郋園學行記〉，《近代史資料》，81（北京，1985），111。

〔註24〕葉德輝，《郋園讀書志・經學》，卷一，17b～18a，收於王逸明（主編），《葉德輝集》（上海：學苑出版社，2007），第3冊，10～11。

〔註25〕譚嗣同，〈報貝元徵書〉，收於蔡尚思、方行（編），《譚嗣同全集》，205。

〔註26〕譚嗣同，〈報貝元徵書〉，收於蔡尚思、方行（編），《譚嗣同全集》，226。

〔註27〕王紹坊，《中國外交史（鴉片戰爭至辛亥革命時期，1840～1911）》（開封：河北人民出版社，1988），頁201～202。

其學識讚賞不已，稱讚其爲「輿地家也，其說鑿鑿有據。」鄒代鈞也曾上書清廷「五千字」，主張測繪地圖「其要有三：一曰測天度，二曰測地面，三曰依率成圖」，其論說爲後人「以爲模式」，更令傅蘭雅亦「讀之心折。」〔註28〕至於另一位士紳熊希齡，就曾向張之洞自述其轉向西學之轉變，謂「從前每讀邸抄，見執事議行西法，頗深以爲不然。及前年【即甲午】中日之戰創深痛巨，示輕各國，始恍然大悟，於執事所爲，非俗儒之能知也。於是趨步之心，久而益切。」〔註29〕由此可見，湖南士紳並不是如外界所想的守舊而封閉。他們對於如何因應時局，亦有其應變之法。

從湖南士人對於科舉、西學等問題的看法，可以看出他們在認識西學時，仍按照原有的「中學」知識作爲判斷的標準。出身、學風等因素，決定了他們如何因應西學東漸而作出的回應。不過，他們對於改革都抱持著肯定的態度。既然湖南士人了解到改革的重要性，那麼，如何改革？改革如何進行？這些都成爲他們討論的課題。而當地方官吏大力推行新政時，他們都全力的配合。無論是在文教上或在地方建設上，都與地方官吏保持著緊密的合作關係。

江標任湖南學政以後，在文教上大加提倡新學，在地方考試中以新學取士。在學政大力提倡之下，不少士子都開始對新學感到興趣。例如曹典球，在甲午戰爭時「方習詩詞，亟蒙獎拍」。〔註30〕在江標就任之後，曹典球在考試中得其青睞，得以舉秀才。此後，他熱忱於西學研究。〔註31〕蘇輿亦在江標任學政任內「旋舉於鄉」。〔註32〕石陶鈞亦是在江標的教誨下，得以在考試中得到優良的成績。楊樹達也在江標的鼓勵下，得以進入校經書院就讀。〔註33〕值得注意的

〔註28〕 以上引文均出自：錢基博，《近百年湖南學風·湘學略》（長沙：岳麓書社，1985），48～49。

〔註29〕 熊希齡，〈侃切陳明湘省行輪之必要上鄂督張之洞函（1896年冬）〉，收於周秋光（編），《熊希齡集》，上冊（長沙：湖南出版社，1996），48。

〔註30〕 〈曹典球詩選〉，收於曹典球先生誕辰120週年紀念會（編），《愛國教育家曹典球》（長沙：湖南大學出版社，1997），157。

〔註31〕 〈曹典球年譜〉，收於曹典球先生誕辰120週年紀念會（編），《愛國教育家曹典球》，191～192。

〔註32〕 楊樹達，〈平江蘇厚菴先生墓誌銘〉，收於林慶彰，蔣秋華（編），楊菁（點校），《蘇輿詩文集》（臺北：中央研究院中國文哲研究所，2005），255。

〔註33〕 對於此事，在楊樹達所著的《積微翁回憶錄》中有詳細的記載：「一八九七年（十三歲）四月。湖南提學使元和江建霞（標）設實學會於北門外湘水校經堂（今爲廣益中學），延通算學、地理、英文者各一人爲教習。入會講習者，人繳費制錢拾千文，畢業後退還。余兄弟甚願入會習算學，而費無所出。開

是：石陶鈞與楊樹達二人同時亦是葉德輝的弟子，對此葉德輝似乎並沒有對他們的作爲表示明確的態度，更沒有表示反對。至於王先謙，亦未見他對於江標的作爲表示出任何異議。

王、葉二人在江標就任學政期間，與江標關係甚好。在皮錫瑞的日記中，就有不少江標與王、葉二人私下會面的記載。而在學術上，江標與葉德輝等人亦有頗多相通之處。日人松崎鶴雄就曾在其對王先謙與葉德輝的文章中，把江標視爲王先謙的門人〔註34〕，同時亦是葉德輝的友人。〔註35〕松崎鶴雄所言是否屬實，有待商榷；但由此可以得見江標與王、葉二人在學術上有頗多共通之處。就此而言，江標與王、葉二人在思想上，並不存在重大的差異。對於江標以新學取士，王、葉二人並沒表示反對之意思。〔註36〕其他湖南士紳，如熊希齡、張通典等，亦全力支持江標。由此可見，江標與湖南士人之間，大都保持良好的關係。

至於陳寶箴，湖南士人亦大多贊同其作爲，在新政的實行上亦大加配合。例如王先謙、張祖同等士紳，響應陳寶箴之要求，開設諸多新式工業。礦務總局就是在士紳與官府的合作下創立的。礦業總局有「外州縣十數，其開採龍王山、水口山及黃金洞諸礦，見歲入可二百萬。」〔註37〕在1895年，陳寶箴與王先謙等人集資創辦和豐火柴公司，開近湖南建立私營工廠之先河；〔註38〕1897

學之日，余等往觀，見算學教習易君講授開方術。余笑謂兄曰：「此不甚易乎？」校經堂頗有藏書，江先生特開放，令堂外人來堂閱覽。各發閱書證一紙，令署己名氏。余方立學使案前署，有一人指余私語其友曰：「此少年頗解算學。」蓋余與兄語時，此君從旁聞之也。余署名訖，學使問余曰：「爾曾入會否？」對曰：「未也。」問：「何不入會？」曰：「家寒，不能備學費耳。」學使令召易君至，謂曰：「聞此生頗知算學，可命題試之。」易君因領余至其居室，以開方題命余布算。余得數，示易君。易君首肯，復率余向學使復命。學使遂於余閱書證上批云：「准該生免費入會。」余等歸家，家人聞知，皆以爲喜。

〔註34〕 松崎鶴雄，《柔父隨筆》（東京：座右寶刊行會，1943，臺北中央研究院傅斯年圖書館南都藏書室藏），105。

〔註35〕 松崎鶴雄，《柔父隨筆》，114。

〔註36〕 不過，葉德輝與江標之間曾有所爭執。江標曾與葉德輝就石陶鈞一事而有所爭執，但得到王先謙的調停。皮錫瑞在日記上曾記載：「江建霞與煥彬爭石醉六、劉蓮生兩學生，實甫與王祭酒爲之調度議和。」實甫即易順鼎，祭酒即王先謙。見：清光緒二十三年十一月三十日（1897年12月23日），〈師伏堂未刊日記〉，1958：4（長沙，1958年12月），79～80。

〔註37〕 邵元沖，〈張伯純先生傳略〉，《邵元沖先生文集》，下冊（臺北：中國國民黨黨史委員會，1983），585。

〔註38〕 林能士，《清季湖南的新政運動（1895～1898）》，26。

年由張祖同、王先謙、蔣德鈞等人創立的寶善成製造公司，以製造電氣燈，東洋車，礦務各局一切應用之件爲主要業務。〔註39〕除了配合地方巡撫的政策外，湖南士人亦全力配合其他新政之推行。例如湖北巡撫譚繼洵大力反對開設小火輪航線，譚嗣同、熊希齡等人就積極奔走於長江沿海各省巡撫，希望他們能支持輪船事業的興辦。熊希齡爲此曾寫信與譚繼洵、張之洞等，力陳開設航線之好處，認爲「輪船不行，諸廠可廢。況電報、鐵路相輔而行，輪船既成，風氣漸開」，如能成功開辦，則能使湖南一地「風尙轉移，不致等諸化外。」〔註40〕

　　另一方面，南學會亦在 1897 年 10 月開始籌畫。在此之前，士紳們就在進行籌辦工作，同年 9 月，唐才常與譚嗣同因眼見中國當前的局勢，故合力創辦瀏陽算學館，「以益推究製造之理，天人之大，公理公法之原」〔註41〕，希望團結士人之力量，以收開啓民智之用。除了譚、唐二人，其他湖南士人亦有類似的構想。例如鄒代鈞即曾與汪康年討論辦學會之難，認爲「學會（即公會）有極難處，所講之學門徑甚多，我輩數人自問所有，似不足以答天下之問難。且泰西學會無非專門，如輿地會等類是也。今欲合諸西學爲會，而先樹一學會之的，甚不容易。」〔註 42〕而隨著梁啓超之入湘，南學會的籌備亦有所起色。

　　在陳寶箴、黃遵憲的支持下，湖南士人得以組成南學會。並於 1898 年 2 月 14 日進行第一講。南學會的目的。與瀏陽算學館類似，在其章程中即表明「立一聯絡全體之學規、寓零於整、化渙爲萃」，「以爲振興政學之權輿」，寄望其能「爲湘省開辦學會之起點。」〔註43〕南學會由巡撫指派十人爲總會長，此十人負責在南學會中進行定期演講，其主題以講者的專長爲主，如皮錫瑞主講學術、黃遵憲主講政教等。每次開講之講義都刊登在《湘報》之中，供不克前來聽講之士人閱讀。南學會還設有藏書樓，供會友與士紳借閱圖書，以收啓廸民智之用。圖書之來源多爲士紳捐贈得來，在《湘報》中，還看到

〔註39〕據《集成報》之報道，云：該公司「已造成東洋車數輛，式樣靈巧；又聞將來所造各物，必如洋貨中之火、油、燈、洋傘等類，大都皆民生日用所必需。」見：〈商事：湘省製造（錄商務報）〉，《集成報》，3 冊，1897 年 5 月 26 日，21b（總頁 156）。

〔註40〕熊希齡，〈代湘紳蔣德鈞張祖同等上湖廣總督張之洞書（清光緒二十三年）〉，收於周秋光（編），《熊希齡先生遺稿》（上海：上海書店出版社，1998），3988。

〔註41〕唐才常，〈瀏陽興算記〉，《湘報》，45 號，1898 年 4 月 27 日，177a（總頁 363）。

〔註42〕汪詒年，《江穰卿先生傳記》，收於章伯峰、顧亞（主編），《近代稗海》，第 12 輯，203。

〔註43〕〈南學會大概章程〉，《湘報》，34 號，1898 年 4 月 14 日，134b（總頁 268）。

不少士紳捐贈圖書的告示。在戊戌時期，亦有不少學會如南學會那樣設有藏書樓，是爲中國圖書事業之前身。〔註44〕

　　而在南學會中與聽眾交流的問答，聽眾所問的問題，可以說是五花八門的。有聽眾請教學術上之問題，如有人問「公法律例之學，梁卓如先生教從《春秋》入手，次及《萬國公法》等書。敢問公法之書共有多少種？其精萃以何者爲最佳？」〔註45〕有的則提出自己的政治主張，如有聽眾則提議仿效「西人治國之道」，以南學會扮演著類似西方議院的角色，「以湖南應興之政，應革之弊，令聽講所至之人，議之一日不能盡者，數日以伸之，斯可収西人議院之益矣！」〔註46〕凡此種種，都能說明南學會對於傳播新學知識與提供湖南士人議政空間的貢獻。

　　1898年2月，《湘報》正式創開辦。其主事者有梁啟超、李維格、唐才常、鄒代鈞等人，負責爲《湘報》撰寫文章則爲梁啟超、譚嗣同、唐才常、戴德誠、樊錐、何來保等人。〔註47〕《湘報》之出刊形式爲「每日一大張，裁成四頁，集訂成書」創辦初期，爲擴大其影響力，故規定「無論官紳士商，均送報半月，不取報貸」，「半月以後，有願閱者，請知會送報人掛號，註明姓名、居址，以便逐日送報，按月收費。」〔註48〕《湘報》還訂定湖南全省的收費價錢，以供讀者參考。〔註49〕

　　湖南士紳通過報刊上的論說，對於新政之種種好處有所說明，期使能說服其他士紳能成爲新政的支持者，以減輕新政在實際推行上的阻力。在《湘學報》及《湘報》中，都有許多爲新政背書的論說。湖南士紳對於這兩份刊物的參與，除了熱心投稿外，亦積極推廣宣傳，使得兩報發行量大增，影響力更爲遠播。例如王先謙就任書院山長時，就鼓勵學生閱讀新式報刊。《湘學報》與《湘報》亦在其他省份引起熱烈的迴響，不少士人通過《時務報》的關係網絡，購買《湘學報》與《湘報》。這兩份報刊，亦引起

〔註44〕關於學會藏書樓之討論，可參看：來新夏，《中國近代圖書事業史》（上海：上海人民出版社，2000），154～157；劉志琴（主編），《近代中國社會文變遷錄》，第二卷（浙江：浙江人民出版社，1998），86～91。

〔註45〕〈南學會問答：辜天祐問〉，《湘報》，21號，1898年3月30日，83b（總頁166）。

〔註46〕〈南學會問答：長沙陳光孚問〉，《湘報》，15號，1898年3月23日，59b（總頁118）。

〔註47〕〈湘報館辦事人姓名〉，《湘報》，22號，1898年3月31日，88a（總頁175）。

〔註48〕〈本館告白〉，《湘報》，1號，1898年3月7日，1a（總頁1）。

〔註49〕見：〈外埠售報價值〉，《湘報》，29號，1898年4月8日，116a（總頁231）。

其他省份士人的模仿，例如 1898 年在廣州所創辦的《嶺學報》，是以《湘學報》作爲其效法之對象。〔註 50〕浙江的《利濟堂學報》亦以《湘學報》作爲其範本。〔註 51〕由此得見此兩份刊物在當時士人的影響力。

不過，《湘學報》之言論，亦引起一些爭議。例如當時人在江蘇的章太炎，就曾駁文反駁唐才常在《湘學報》第 8 期中所寫之〈弭兵會〉一文的看法，章太炎認爲：「今以中國之兵甲，與泰西諸強國相權衡，十不當一，一與之搏擊，鮮不潰靡。是故泰西諸國之兵可弭，而必不肯弭兵於中國。」〔註 52〕故認爲唐才常是站在西方人的思維去思考中國之國策。不過，總括而言：湖南新政的成就，的確得到士人的普遍認同。

隨著新政的大力推行，士人之間的路線開始出現分歧。早在梁啓超進入湖南任教時務學堂前，這些分歧早就已經有跡可尋。這些分歧的出現，有的源於作事風格之不同。例如王先謙就曾向繆荃蓀說：「湖南僻陋，風氣不開，當事議行輪舶，無識紳士尚復從中把持，眞堪噴飯。關係省運，實非淺鮮，想大吏有風力者，必不至聽其阻撓也。」〔註 53〕在此信中，王先謙顯然對一些士紳的作爲不以爲然。然而，這些不滿的言論，只是在私人信件中出現。直至梁啓超進入時務學堂，這些分歧才開始表面化。

第二節　時務學堂與康有爲的陰影

江標離任湖南學政以後，由徐仁鑄接任。徐仁鑄與江標在學術背景上有

〔註 50〕〈嶺學報略例〉云：本報「大致略仿《湘學報》，但《湘學報》袛就已譯之西書而探錄之。本報則專取未譯之西書、西報，採其菁華，攷其得失，分門詳錄，以供眾覽。」見：〈嶺學報略例〉，《嶺學報》第一冊，1898 年 2 月 10 日。（廣州，1898 年，上海圖書館藏，得蒙蘇州大學中文所博士班李玲提供此則史料，特致謝忱）按：《嶺學報》於 1898 年 2 月 10 日創刊，在廣州出版，旬刊，由嶺學報館印行。總理爲黎國廉，撰述爲朱淇等，停刊時間未詳。見：上海圖書館（編），《中國近代期刊篇目滙錄》，第一卷，909。

〔註 51〕陳虬寫信給汪康年云：「敝報改刻已出四冊，敬寄奉三十分。宗旨雖出於醫，而推廣義類，針起聾瞽之意，猥與貴報變法、論學相與經緯。敢援《湘學報》之例，附冀貴報，希借暢銷，亦群義之一端也。」見：陳虬函（二），《汪康年師友書札》（二），2001。按：《利濟堂學報》於 1898 年 1 月創刊，在溫州出版，半月刊，由瑞安利濟醫院學堂主辦，由陳虬所主編，停刊時間未詳。見：上海圖書館（編），《中國近代期刊篇目滙錄》，第一卷，612。

〔註 52〕湯志鈞（編），《章太炎年譜長編》（北京：新華出版社，1979），上冊，70。

〔註 53〕王先謙函（四十三），收於顧廷龍（校閱），《藝風堂友朋書札》，上冊，30。

所不同，徐仁鑄師承康有為。他上任以後，就頒布了〈頒發湘士條誡〉，在文中推崇梁啓超的〈讀西學書法〉及〈西學書目表〉，認為其能「依類臚列，門徑可尋。諸生於此種書，凡經寓目者，可仿提要之例，分題纂注，成帙後，呈送備閱，藉知所見之當否，所學之淺深。」〔註54〕此外，《湘學報》的言論取向開始出現轉變。在江標時期，致力把《湘學報》變成一本單純介紹西學的刊物。而在徐仁鑄入主《湘學報》後，多刊登梁啓超等人之文章。這些文章，多具有政論性質。這些作為，都引起一些湖南士人的不安，害怕康學在湖南的流行，會與湖南地方學風有所衝突。

時務學堂的設立，是由蔣德鈞、熊希齡等人運用寶善成公司所得之收入，以作為其開辦之資本。蔣德鈞的說法是：在開設機器公司之外，「旁立學堂，意擬博選秀穎之子，延師購書教習」〔註55〕，並取名為時務學堂。為籌募經費，熊希齡曾多次遠赴南京，與兩江總督劉坤一進行交涉。〔註56〕1898年初，熊希齡、王先謙等人，要在湖南成立新式學堂，「創為添設學堂之舉。」為此，熊希齡曾「游歷鄂、滬，攷求詳備，再議舉辦，并擬馳往日本一覽大概。」〔註57〕士紳的建議得到陳寶箴與江標的大力支持，正式開始籌備建立學堂之事宜。

在《知新報》上的〈湖南時務學堂緣起〉一文中，說明其主旨為「廣立學校，培植人才」，「用可用之士氣，開未開之民智」。同年即在報刊上刊登第一次招考告示，云「本年議定暫租衡清試館開辦，延聘中西學教習，擇期開學，先行招考六十名入堂肄業。」〔註58〕由於士紳在經營實業上頗有成效，使得公司出現利潤，得以有經費開辦新式學堂。在這籌辦的過程中，梁啓超能進入時務學堂任教習，主要出於蔣德鈞等人的舉薦。士紳都意欲通過不同的管道，邀請其來湘出掌時務學堂。而他們所倚仗的，便是具有深厚政商網絡的汪康年。

作為《時務報》的主事人汪康年，與一些湖南士紳交往甚密。他亦與湖

〔註54〕 徐仁鑄，〈頒發湘士條誡〉，《湘學新報》，26 期，1898 年 2 月 1 日，收於《湘學新報》，第三冊，1924。

〔註55〕 蔣德鈞，〈請設湖南時務學堂公呈〉，《求實齋類纂》，卷五（臺北中央研究院近代史研究所郭延以圖書館藏），1a～1b。

〔註56〕 熊希齡，〈上陳中丞書〉，《湘報》，112 號，1898 年 7 月 14 日，445b～447a（總頁 1058～1061）。

〔註57〕 熊希齡函（二），《汪康年師友書札》（三），2838。

〔註58〕 〈湖南時務學堂緣起〉，《知新報》，32 冊，10a（總頁 351）。

南士紳張通典、鄒代鈞等人合作經營礦業。除了營商以外，汪康年對於湖南新政的推行亦有功勞。例如張通典等人開設製造公司時，就曾委託汪康年代爲招聘「熟精製造之技師」，並爲礦務總局「訪延在美國習礦學，得有優等證書之中國學生」〔註59〕；鄒代鈞亦託其爲「官設書局採購講求新政新學之書籍，寄湘發售」，汪康年並與陳三立等人協助鄒代鈞開辦譯印西文地圖分會〔註60〕；就連江標亦請託汪康年代爲推銷《湘學報》，〔註61〕可見汪康年在湖南人脈之深。因此，湖南士紳有意通過汪康年在《時務報》上的關係，延攬梁啓超前往湖南。

　　他們在找尋時務學堂教習的人選時，黃遵憲便提出邀請當時在上海《時務報》擔當要職的李維格與梁啓超，分別出任西、中學總教習。邀請士紳亦期望梁啓超的原因，在於時務學堂「非大有氣魄之人不足以舉重也。」此外，梁啓超亦能輔助湖南新政的發展。〔註62〕李維格爲《時務報》的外文編譯。他在西學的造詣，得到當時不少人的肯定。黃遵憲就認爲李維格在「其所見通西學者凡數十輩，而求其操履篤實，志趣純粹，頗有儒家氣象者，實無其倫比，然屈於報館，乃似乎用違其才。」〔註63〕因此，黃遵憲認爲「以報館譯人頗多，而一琴【即李維格】之才長教習，短於譯事（即來示所言嫌譯人太多各節），招之來湘甚妥。卓如在館僅作論，若來湘，仍可作論寄滬，於報事亮【諒】無妨礙，且卓如不來湘，必爲南皮強去云云。」〔註64〕蔣德鈞亦認爲李維格「西學英文極精，品行亦可敬」〔註65〕可見李、

<hr>

〔註59〕汪詒年，〈汪穰卿先生傳記〉，收於章伯峰、顧亞（主編），《近代稗海》，第12輯，330。

〔註60〕汪詒年，〈汪穰卿先生傳記〉，收於章伯峰、顧亞（主編），《近代稗海》，第12輯，331、336～337。

〔註61〕汪詒年，〈汪穰卿先生傳記〉，收於章伯峰、顧亞（主編），《近代稗海》，第12輯，327～328。

〔註62〕熊希齡云：「卓如到湘，尚有無窮應辦之事，須待共商而共成之。」（見：熊希齡函（五），《汪康年師友書札》（三），2840。）蔣德鈞亦認爲：梁啓超「雖程度過高，局面稍潤，必能開風氣，造人才，有益於湘」（見：蔣德鈞，〈覆王益吾張雨珊熊三〉，《求實齋類纂》，卷九，21a。）

〔註63〕黃遵憲函（三十四），《汪康年師友書札》（三），2360。

〔註64〕鄒代鈞函（六十一），《汪康年師友書札》（三），2743。另據熊希齡所言：「惟少穆前欲聘李嶧琴，涛之右師，帥急欲聘之。齡歸言，乃我兄所霸住。右帥笑而不以爲然。及黃公度廉訪到湘，右帥詢之公度，極言嶧琴品端學粹，爲教習是其所長，足以師表羣倫，而在報館繙譯，猶尋常耳，遂慫恿右帥延聘嶧琴。」（見：熊希齡函（五），《汪康年師友書札》（三），2839。）

梁二人受到湖南趨新人士之重視。

　　而找梁啓超出任時務學堂教習的原因，亦與《時務報》內部的紛爭有關。由於梁、黃二人與汪康年對於《時務報》的諸多事務上有所不和，使得《時務報》分裂爲浙、粵兩派。〔註66〕由於當時之言論，多傾向支持汪康年，使得他有意離開《時務報》的領導中心。湖南士紳的邀請，正好提供梁啓超一個遠離《時務報》的機會。而士紳對於二人之到來相當期盼，有士紳就催促汪康年云「卓如、一琹【琴】兩兄能速去否？湘人望之甚殷」；〔註67〕至於與汪康年較多往來的熊希齡，亦多番催促。〔註68〕因此，在這種情形之下，梁啓超與李維格赴湘，就任時務學堂教習之勢已成。

　　在1897年9月，梁啓超赴湘出任時務學堂總教習。在此之前，時務學堂的招生引來不少年青士子前來報讀，「招考才數日，已逾二千人，而後至者猶以未與考爲恨，此其機亦誠不可失也」〔註69〕，而首次入選的學生才四十人。由此可見，時務學堂的確在湖南引來巨大的回響。而在正式開辦以後，湖南不少新式學堂都模仿時務學堂之課程設計與運作模式。例如三江學堂「所購之書，擬照時務學堂書目，先取其尤，以次遞及圖譜器具之屬，隨集款之多寡，勉其力之所能至，以期居一日稍盡一日之責焉」〔註70〕；常德明達學堂則「仿時務學堂例設待問櫃，學生有疑義，取待問紙書之，其紙由堂頒發，投櫃中俟教習批答。」〔註71〕與此同時，時務學堂之課本亦成爲坊間士人競相採購的圖書，〔註72〕更有人冒名盜刻「時務學堂課藝」，放在坊間書店出售圖利。〔註73〕

〔註65〕 蔣德鈞，〈覆王益吾張雨珊熊三〉，《求實齋類纂》，卷九，20b。

〔註66〕 廖梅，《汪康年：從民權論到文化保守主義》（上海：上海古籍出版社，2001），180～211。

〔註67〕 羅運陟函（十八），《汪康年師友書札》（四），3211。

〔註68〕 「時務學堂初立，一切讀書章程，專候梁、李兩總教習到湘酌定，乞促卓如、嶧琴速啓程爲荷。」見：熊希齡函（七），《汪康年師友書札》（三），2842。

〔註69〕 譚嗣同函（二十七），《汪康年師友書札》（四），3265～3266。

〔註70〕 潘學海，〈擬興三江學會釀金集款購置時務書等招來學者講求實用啓〉，《湘報》，84號，1898年6月11日，334a～335a（總頁757～759）。

〔註71〕 〈常德明達學堂詳細章程〉，《湘報》，166號，1898年9月28日，663b～664a（總頁1654～1655）。

〔註72〕 如在《湘報》第102號上有一則廣告，云「本館新到・新刻各種時務書」，其中所列書目中，有《湖南時務學堂初集》、《湖南時務學堂考卷》等書。（見：《湘報》，102號，1898年7月4日，409a（總頁947））。

〔註73〕 此事之來龍去脈，可參見：黃遵憲，〈本省公牘：學堂告示〉，《湘報》第107號，1898年7月9日，426b（總頁998）云：「總理湖南時務學堂鹽法長寶道

從以上種種事例可見，時務學堂的確對當地士人們產生相當之影響。

　　時務學堂，共收學生 264 人。〔註74〕若探究其學生之來源，很多都是在江標就任學政時期考過鄉試的士人。例如石陶鈞曾得江標推薦進入校經書院就讀，後得徐仁鑄推薦，進入時務學堂就讀〔註75〕；曹典球則在江標任學政時「以《文選學賦》舉秀才」〔註76〕，後進入時務學堂，但「因年齡過限，爲外課生」〔註77〕；至於葉德輝的得意門生楊樹達，亦考入時務學堂，但因其「年較稚，每日正座六時，體力不勝。春間發病，遂輟學。」〔註78〕曹典球後接任湖南大學校長；楊樹達成爲有名的考據學學者；石陶鈞則成爲國民黨在湖南的重要幹部。此外，時務學堂之學生亦有楊昌濟等，對於民國時期湖南的文教事業都有相當突出的貢獻。又例如蔡鍔在十七歲時亦被督學徐仁鑄推薦，得以進入長沙時務學堂就讀。〔註79〕由此可見，時務學堂之學生，均爲年青優秀之紳。

　　在梁啓超赴任時，要求時務學堂的分教習由他推薦，以作爲就任總教習的條件。於是，他便推薦韓文舉、葉覺邁二人爲中文分教習。此二人都爲康

黃爲出示嚴禁事，照得盜刻書籍，例有明條，而書坊射利惡習，輒敢冒名作僞，尤爲貪利無恥。昨見府正街叔記新學書局，刻有時務學堂課藝，本道與學堂各教習同加批覽，深爲駭異。其中所刊者，多非本學堂學生之眞筆，即如中學葉教習，本廣東東莞縣人，該課藝刻爲南海縣人；西學王教習，本福建龍溪縣人，該課藝又刻爲上海縣人，其爲冒名僞作可知。本學堂創開風氣，爲四方觀聽所繫，如有發刻課藝，自應由本學堂編撰，若任聽書賈隨意搜輯，雜以僞作，倘或謬種流傳，於人心風俗，所關非淺。前因三月間實學書局刻有此種課藝，曾經本學堂訪知，將所雕板盡追繳在案，該新學書局何得仍蹈覆轍，殊屬可惡已極。除由本道飭差提訊，燬銷僞板外，合行出示曉諭，爲此示仰各書坊人等知悉，此後遇有刊刻本學堂課藝書籍，必須呈由本學堂鑑別其僞，核准批示，方許翻刻，不得復有假冒等弊，倘敢故違，一經查出，定將該書坊封閉嚴究，以示懲戒，切切特示。」

〔註74〕見：李玉，〈湖南時務學堂學生人數考〉，《近代史研究》，2000：2（北京，2000年 3 月），307～312。
〔註75〕石陶鈞，〈六十年的我〉，收於《湖南歷史資料》，1981：2（長沙，1981 年 11月），20～21。
〔註76〕丁平一，〈曹典球年譜〉，收於曹典球先生誕辰 120 週年紀念會（編），《愛國教育家曹典球》，191。
〔註77〕丁平一，〈曹典球年譜〉，收於曹典球先生誕辰 120 週年紀念會（編），《愛國教育家曹典球》，193。
〔註78〕楊樹達，《積微翁回憶錄》，4～5。
〔註79〕〈蔡松坡先生年譜〉，收於劉達武（編），《蔡松坡先生遺集》（臺北：文星出版社，1962），5～6。

有爲之門生，又是梁啓超在萬木草堂時期的同窗。〔註 80〕梁啓超對於時務學堂的課程編排，自有他的一番想法。在他前往湖南時，康有爲曾與其討論時務學堂之教育方針。〔註 81〕如把時務學堂與萬木草堂的學制作一比較，則能看到時務學堂在某程度上，受康有爲影響甚深。

萬木草堂的講學內容，主要是以孔學、佛學、宋明學（陸王心學）爲體，以史學、西學爲用。在學生進入學堂時，要先讀《公羊傳》與《春秋繁露》，再讀一些西學書籍，每名學生都需要作筆記。此外，學生每半月就要上呈功課簿，其內容爲對於課程與讀書上所遇到的問題。對於這些問題，康有爲都會作出回答。〔註 82〕從《長興學記》中，可以看到康有爲就學生的問題所作的回答。

而梁啓超在〈湖南時務學堂學約〉中所提出的十項要點，前八項爲每日功課當有者，後二項則爲學成後所當爲者。從〈學約〉看來，時務學堂可以說是康有爲學說的實踐場所。〔註 83〕如在進入學堂時，要求學生先讀《孟子》、《管子》、《禮記》、《公羊學》等書。這與萬木草堂的要求相近。在《湘報》中所刊登報道中，其課程內容是由溥（普）通學與專門學兩部分所組成。普通學共分四門，即：經學、諸子學、公理、中外史志及格算諸學之粗淺者。專門學共分三門，即：公法學（憲法、民律、刑律之類爲內公法；交涉、公法、約章之類爲外公法）、掌故學、格算學。在〈時務學堂詳細章程〉中，列出學生在就學各時期中應閱讀之書籍，其中有儒家之傳統經典（如《孟子》、《論語》、《春秋·公羊傳》等書），亦有介紹西學之書籍（如《佐治芻言》、《格致彙編》、《萬國史記》等書）。

時務學堂之學生，在初入學堂前六個月，只能修讀普通學；至六個月以後，各認專門。既認專日之後，其溥通學仍一律並習。學堂並規定：「凡學生每人設箚記冊一分，每日將專精某書某篇共幾葉，涉獵某書某篇共幾葉，詳

〔註 80〕盧湘父，〈萬木草堂憶舊（選錄）〉，收於夏曉虹（編），《追憶康有爲》（北京：中國廣播電視出版社，1996），224～225。

〔註 81〕丁文江、趙豐田（編），《梁任公先生年譜長編》，收於《北京圖書館藏珍本年譜叢刊》，193 卷，244。

〔註 82〕梁啓勳，〈萬木草堂回憶〉，收於夏曉虹（編），《追憶康有爲》，236～244。

〔註 83〕見：林能士，《清季湖南的新政運動（1895～1898）》，42～45；村尾進，〈萬木森森──《時務報》時期的梁啓超及其周圍的情況〉，收於狹間直樹（編），《梁啓超·明治日本·西方：日本京都大學人文科學研究所共同研究報告》（北京：社會科學文獻出版社，2001），53～57。

細注明。其所一讀之書有所心得，皆記於冊上 」，學堂並設一待問甌，如學生對所讀書籍有何疑問可將問題「用待問格紙，書而納之甌中；由院長當堂批答榜示。凡所問必須按切古人切問、審問二義，凡其瑣屑不經及夸大無當者，皆不許問。」時務學堂通過這些方法來督促學生學習。學堂定期舉行考試，其考試內容以其章程中所開列的書單為主，並把優良學生之讀書心得刊登在《湘學報》及《湘報》中，以示鼓勵。〔註84〕

　　從課程的安排和授課書籍等看來，時務學堂與萬木草堂在學制上，可以說是大同小異的。無論在學習教材、教學方式等，都有相似之處。

　　至於時務學堂的教學內容，可從學生問答中一窺全豹。由於戊戌政變的關係，其原有的課本早已散失。〔註85〕後人如要研究當時時務學堂的狀況，只能從梁啓超的一些文集或是《翼教叢編》中所收錄的相關文字，了解時務學堂的上課情況。而隨著新史料的不斷發現，使得研究者得以運用以了解當時之狀況。在京都大學人文科書圖書館中，就收藏了湖南時務學堂的問答集。在此書中，學生的問答所波及之範圍甚廣從對經義的詮釋，以至於對於中國當前的形勢，都有所涉及。例如學生鄒代城問：

> 廖季平謂六藝皆孔子新訂，非四代舊典，三代無學校。孟子言學校有三品者：三代即三統，非既往之夏殷周；素王創三統，定制以傳百世者也。又春秋言："復古之例"。古者，指文王而言。周公製禮在成康時，孔子改制，懼無徵不信，故托以爲文武之政。此說然否？

教習葉覺邁則有以下之回答：

> 南海先生《新學僞經考》發明六經，皆孔子所作，其說最詳。孔子作春秋，托王於魯。《公羊傳》謂：王是文王。論語亦言：文王既沒，斯文在茲。然則孔子之法文王明矣。三統之說，本諸董子。何休取《繁露》〈三代〉、〈改制〉、〈質文〉篇讀之，與《公羊傳》何注所發明者比較便悉。〔註86〕

〔註84〕以上內容均引自：〈學會彙纂：時務學堂功課詳細章程〉，《湘報》，102 號，1898年 7 月 4 日，405b～408b（總頁 940～946）。

〔註85〕據梁啓超所言：「時務學堂原有之課本收回計一箱，余帶往日本存橫濱大同學校交麥幼博後，乃不知去向」見：丁文江、趙豐田（編），《梁任公先生年譜長編》，收於《北京圖書館藏珍本年譜叢刊》，193 卷，249。

〔註86〕〈湖南時務學堂第一集答問〉，《湖南時務學堂初集》，12a～12b。

學生詢問關於六藝之問題，而葉覺邁之回答，則是以康有爲之學說作爲基礎。又例如學生李洞時問：

> 昨聞梁先生言：混沌初開，三世遞嬗之義。謂西人考：草木世後爲禽獸畜類之世；禽獸畜類世後然後人類始盛，信哉斯言也，然不必西人考之也。即今相食之理，推而知之。夫今之禽獸畜類，何以食草？人何以食禽獸畜類也？意者盛極必衰，泰極必否，天之然也。天厭草木之盛，而欲易之，故使禽獸之類食之；天厭禽獸之類之盛，而欲易之，故又使人食之。其理然否？〔註87〕

由此可以得見當時課堂上所談論之課題已涉及西學之問題。而梁啓超則回答：「此言生人生物之理，指未有製作時而論。若既生之後已有製作，則以強吞弱，以大弱小，此又一世界，不得混看，此理西人有《天演論》極發明之。」〔註88〕學生的問答亦有涉及對中國當前局勢的關注，如有學生問：一旦與西人開戰，「敢問將何以不害人也？」梁啓超則回答「中國若能自強，何必戰乎？人自不敢來矣。」〔註89〕有學生則問及「今欲訪泰西之法，設立議院，使民權得以上達，亦古者議市謗朝之遺意也，不知可復行否？」，韓文舉則回答：「民智開乃行。」〔註90〕可見學生的問題是各式各樣的，其範圍相當廣泛。

透過此一問答集，可以得見時務學堂上課內容與師生互動之模式。時務學堂的相關書籍，亦成爲湖南地方士子趨之若鶩的「時務書」。〔註91〕由此可見，時務學堂確能在湖南引起一陣風潮。這陣風潮，就連其他省份的士紳亦爲其所吸引。〔註92〕不過，一些士紳對此抱持著保留甚至反對的態度。

〔註87〕《湖南時務學堂第一集答問》，17b～18a。
〔註88〕《湖南時務學堂第一集答問》，17b～18a。
〔註89〕《湖南時務學堂第一集答問》，30a～30b。
〔註90〕《湖南時務學堂第一集答問》，43a～43b。
〔註91〕《湘報》第110號廣告：「本館新到新刻各種時務書」，其中銷售書籍有《桂學問答》、《日本變法考》、《湖南時務學堂初集》、《湖南時務學堂考卷》等書。此則廣告並特別註明曰：「院試匪遙，時務書急宜購閱。第距館較遠者購取爲難，現寄存南陽街經濟書局、南正街維新書局分售」見：《湘報》，110號，1898年7月4日，441a（總頁1041）。
〔註92〕如劉學海向汪康年云：「卓如聞已到湘掌教時務學堂，從此陶冶裁成，廣開風氣，人材可爲國用耳。所最憤恨者，我粵通商最早，本習聞西學，奈此邦人士皆持守舊之說，深閉固拒，不少變通。居上者又專與西學爲仇，莫爲提倡，殊可痛也。」見：劉學海函（二），《汪康年師友書札》（三），2885。

　　基於一些個人關係上的糾紛，乃至於對康學的不同態度，使得士紳在新政事務上出現分歧。而且，由於梁啓超的緣故，使得這些糾紛中滲入康學的色彩。事實上，其他省份的士人亦感覺到康學對湖南的影響。由於有《湘報》等報刊作爲媒介，使得全國士人都能觀察到湖南新政的運作情況。〔註93〕而在他們看來，湖南的確受到康門的影響。某位浙江士紳向汪康年說：「方今各省學會，舍湘學而外，無人創設。湘學已爲康學所惑，浙學泊泊宜辦，以杜其萌芽，先發制人，此其時矣。先生寧困生憂思，而不欲與同志獨立一幟，昌浙學之宗派，絕粵黨之流行，此漢所不解者也。」〔註94〕由此可以說明：就算是主張維新的士人，其立場亦不是全然團結的。後人所指稱的維新人士，對於奉爲顯學的康有爲學說亦非全盤接受。

　　而就湖南而言，主持新政的士紳們對於康、梁等人的態度亦非一致。由於康有爲等人與湖南並沒深厚之淵源，但由於公車上書一事，使得他得到一定的支持。例如唐才常就是一個例子，他自述：

> 【吾】初非附會康門。去年辦《湘學報》時，即極力昌明此恉，至六、七月，始與桂孫同往書肆購得《新學僞經考》閱之。今年三月，始讀所謂《改制考》、《董氏學》兩書。其宗旨微有不合處，初不敢苟同。（如受業向以《周官》、《左氏》爲姬氏一朝掌故，而公、穀、大小戴、三家《詩》乃聖人改制之書，見《湘學報》。）現已將歷年論說清付梨棗，俟刻好塵之函丈，當知末學膚受之有同有不同也。至其拜服南海五體投地，乃因歷次上書，言人所不能言，足愧盡天下之尸居無氣而竊位欺君者，故不覺以當代一人推之。〔註95〕

由唐才常的例子可以說明：有一些士紳的確由於佩服康有爲對於國事之熱情，進而服膺其學問。從同樣師承歐陽中鵠的譚嗣同亦可以看出這一點。譚嗣同「初不知並世有南海其人也。偶於邸鈔中見有某御史奏參之摺與督昭雪之摺，始識其名若字。因宛轉得《新學僞經考》讀之，乃大歎服」，譚嗣同認爲康有爲的論說「掃除乾、嘉以來愚謬之士習，厥功偉；而發明二千年幽蔀之經學，其德宏」，「由是心儀其人，不能自釋。然而於其微言大義，悉未有

〔註93〕例如身處四川的張美翊寫信給汪康年，云「聞《湘報》多載學堂問答，乞一借閱。」見：張美翊函（十三），《汪康年師友書札》（二），1764。

〔註94〕陳漢第函（七），《汪康年師友書札》（三），2045。

〔註95〕唐才常致歐陽中鵠書（九），收於湖南省哲學社會科學研究所（編），《唐才常集》，238。所引文字之標點符號與原文稍有更動。

聞也。旋聞有上書之舉，而名復不同，亦不知書中作何等語。」〔註96〕

　　直到 1896 年，其好友劉善涵自上海歸來，「袖出書一卷，云南海貽嗣同者，兼致殷勤之歡，若舊相識。」譚嗣同「取視其書，則《長興學記》也。雒誦反覆，略識其爲學宗旨。其明年春，道上海，往訪，則歸廣東矣。後得交梁、麥、韓、龍諸君，始備聞一切微言大義，竟與嗣同冥思者十同八九。」〔註97〕由是，譚嗣同才對於康、梁等人有所了解，亦把梁啓超介紹與唐才常。〔註98〕不過，譚嗣同對於康有爲之學問仍有所保留。他曾對唐才常說：「嗣同自束髮治經學，好疏析章句，而不知拘于虛也。邇聞梁卓如述其師康南海之說，肇開生面，然亦有不敢苟同者。」〔註99〕他認爲「今之治經學者，獨重《公羊》，固時會使然，而以意逆志，意之肆而或鑿空，奚翅達乎極也，意者將稍稍反於本義歟？」〔註100〕可見其對於康有爲借用古書以強己意的作爲有所抗拒。由此可以看出：就算是與康、梁等稍爲親近的湖南士人，對其抱持著保留的態度。

　　不過，很多士紳對於康有爲的學說抱持抗拒的態度。究其原因，由於康有要令清帝國能在思想與制度上適應新的情況，乃引伸經文把平等、自由、共和、憲政諸義注入儒學。〔註101〕這樣一來，必定引來大多數士人之反彈。而在時務學堂中的教員，又多爲康門弟子，含有強烈的「康學」味道。這使得其他士紳對此感到不安。身爲南學會主要成員的皮錫瑞就觀察到：「康門之論，欲盡改今日之政，予謂先盡易天下之人，改政乃可行；否則新政與舊法相背，老成必與新進相爭，終將扼之，使不得行，行之反多弊，以滋守舊黨之口實，今日所行是也。無可言者。」〔註102〕日本的《大阪朝日新聞》

〔註96〕譚嗣同，〈治事篇第十：湘粵〉，《湘報》，37 號，1898 年 4 月日，145b（總頁 290）。

〔註97〕譚嗣同，〈治事篇第十：湘粵〉，《湘報》，37 號，1898 年 4 月日，145b（總頁 290）。

〔註98〕《梁任公先生年譜長編初稿》云：「余識譚瀏陽最晚，乙未秋與譚瀏陽定交，叩其友，則曰二十年刎頸交絨丞一人而已。余心識之，丁酉冬講學長沙，譚公乃爲余兩人介紹焉。」見：丁文江、趙豐田（編），《梁任公先生年譜長編》，收於《北京圖書館藏珍本年譜叢刊》，193 卷，258。

〔註99〕〈致唐才常函（二）〉，收於蔡尚思、方行（編），《譚嗣同全集（增訂本）》，528。

〔註100〕〈致唐才常函（二）〉，收於蔡尚思、方行（編），《譚嗣同全集（增訂本）》，529。

〔註101〕汪榮祖（譯），蕭公權（著），《康有爲思想研究》（臺北：聯經出版有限公司，1988），39～90。

〔註102〕清光緒二十三年八月十七日（1897 年 9 月 13 日），〈師伏堂未刊日記〉，1958：

亦觀察到康門「稍帶宗教味，外面觀之，有東林黨之嫌。」〔註103〕由此可見，士紳對於康、梁等人並不是全然接受，並非全然出於偏見。

事實上，有一些士紳就對於時務學堂及南學會等抱持著不置可否的態度。士人對時務學堂的反感，在於其康學之色彩。至於南學會，演講者在講演時往往過於激動，以致其言論未經細想，便為聽眾所接收。因此，講論的紀錄往往與講者的原意不合。〔註104〕由於南學會的講義亦載入《湘報》中，這些未經修改的內容，容易引起士人之不滿。例如王闓運的弟子楊度〔註105〕，就認為南學會「命意，亦未大謬」，但是「問其講期，則月有四期，取其合於洋人禮拜，不禁失笑」，更批評「講學而無湘綺，知其兒戲矣，遂不往與。」〔註106〕楊度對時務學堂亦有異議。他曾與梁啟超就時務學堂的學堂章程進行辯論，認為「公法之不合《春秋》者多矣，即以《春秋》正之，是非雖明，不能行於萬國，第欲明其是非，則不合《春秋》，豈獨公法一書哉。以此為學，是欲張其門面以騙館地耳」，他認為梁啟超「年少才美，乃以《春秋》騙錢，可惜！可惜！」〔註107〕從楊度的例子可以看到：湖南士紳對於新政並沒有全然正面的評價，對於康學的反感，實為主因。〔註108〕

由於梁啟超與康有為的關係，加上學堂之課程設計具有濃厚的康學影子。這使得湖南士紳開始認為康學要大舉進入湖南，影響年青士人的思想。

4（長沙，1958年12月），66。

〔註103〕草勝，〈改革的氣運〉，《大阪朝日新聞》，1898年6月10日，轉引自：桑兵，《庚子勤王與晚清政局》，128。

〔註104〕皮錫瑞就曾說：「登堂說法，即錄付報館，非但不能如著書，字字斟酌，並不足以言文，其語氣之抑揚，言詞之出入，自不免有過當之處，言多必失。」見：〈附南學會皮孝廉書〉，《郋園論學書札》，16b～17a，收於王逸明（主編），《葉德輝集》，第1冊，321。

〔註105〕李肖聃《星廬筆記》云楊度「歸事王湘綺先生，與其妹叔姬莊篤志學詩，於歌行致妙，與陳完夫、夏午詒壽田輩號為王門高弟。旁治諸經，得其義法。」見：李肖聃，《星廬筆記》（長沙：岳麓書社，1983），4。

〔註106〕《楊度日記》，光緒二十四年二月初一日條，收於北京市檔案館（編）、楊念群（點校），《楊度日記》，79。

〔註107〕《楊度日記》，光緒二十四年正月二十三日條，收於北京市檔案館（編）；楊念群（點校），《楊度日記》，78；李肖聃，《星廬筆記》，4。

〔註108〕皮錫瑞云：「康門之論，欲盡改今日之政，予謂先盡易天下之人，改政乃可行；否則新政與舊法相背，老成必與新進相爭，終將扼之，使不得行，行之反多弊，以滋守舊黨之口實，今日所行是也。無可言者。」見：清光緒二十三年八月十七日（1897年9月13日），〈師伏堂未刊日記〉，1958：4（長沙，1958年12月），66。

康有爲爲了政治上的需要，在《孔子僞經考》等書中借儒家經典宣揚變法思
想。康有爲此舉，令許多士人沒法接受，進而作出抵制。因此，湖南士人並
非全然認同時務學堂與南學會的一些理念。他們反對的原因，或許基於對西
學中某些觀念的抗拒，但更爲重要的是對康門學說的排斥。

　　在 1898 年 4 月，時值醞釀變法之際，徐仁鑄於《湘學報》上發表〈輶軒
今語〉一文，把湖南士人對於康學的排斥表面化。此文爲模仿張之洞〈輶軒
語〉之體例而成。徐仁鑄在序中，說明其寫作動機爲勸告湖南士人「學派不
明，則起點已誤，不可瘳也」，他認爲「南皮之學，主乎通今者也。道與時爲
變通，尤南皮常持之論也。然則今語之作，時爲之也。」如今朝廷求才若渴，
而「湘中不乏殊，尤其有讀是編，而幡然興起者乎。」〔註 109〕〈輶軒今語〉
共分爲經學、史學、諸子學、宋學四門，以提綱方式說明各門學習之要點，
以提示湖南士子學術之方針。在這篇文章中，徐仁鑄對各門之看法，與康有
爲之學術思路相近。例如「今日必將西漢以前之經學發揮光大之，則六經之
孔子之教，庶可以不墜也」、「近儒之言經學者，動曰經學所以考古，此最謬
之論也」、「今之學者，但當以諸子之學尊聖人，不必摭攈斥異端之舊說也」〔註
110〕，這些論點都是帶有康學的影子在內。

　　徐仁鑄的作爲，表明湖南新政的風向，有偏向康學的意味，這引起張之
洞的警惕。因此，他在與陳寶箴、黃遵憲的電函中，提到「《湘學報》中可議
處已時有之，至近日新出《湘報》，其偏尤甚，近見刊有易鼐議論一篇，直是
十分悖謬，見者人人駭怒。」爲此，張之洞遂「撰有《勸學篇》一書，大意
在正人心、開風氣兩義。」〔註 111〕與此同時，張之洞的親信梁鼎芬，致函黃
遵憲，信中云「兄欲挾湘人以行康學，我能知隱情。國危若此，祈兄上念國
恩，下卹人言，勿從邪教，勿昌邪說。如不改，弟不復言。」〔註 112〕可見張
之洞對於康學在湖南的發展有所警覺。因此，他遂以「近來《湘學報》謬論
甚多，應俟本部堂派員將各冊謬論摘出，抽出後再行批發」〔註 113〕爲由，禁

〔註 109〕徐仁鑄，〈輶軒今語〉，《湘學報》，28 期（1898 年 2 月 21 日），收於《湘學新
　　　　報》，第三冊，1927。
〔註 110〕以上整理自：徐仁鑄，〈輶軒今語〉，《湘學報》，28～31 期，收於《湘學新報》，
　　　　第三冊，1929～1950。
〔註 111〕〈張之洞致陳寶箴、黃遵憲電〉，收於《陳寶箴集》，下集，1600。
〔註 112〕梁鼎芬函（六十五），《汪康年師友書札（二）》，1911。
〔註 113〕張之洞，〈札善後局停發湘學報〉，收於中國史學會（主編），《中國近代史資
　　　　料叢刊：戊戌變法》，第四冊，555。

止《湘學報》於湖北發行。梁鼎芬就寫信給陳寶箴，說：「有爲、啓超聚眾斂錢，形同光棍，心同叛逆，輦下嘩然。敗露在即，請告遵憲，可以回心。嗣同、希齡、才常、易、錐諸妖賊，公已飭人監禁否？仁鑄小子可惡已極，吾必斥之。」〔註114〕有湖南士紳「糾集多人，聯合函告京中湖南同鄉官，謂陳右帥紊亂舊章，不守祖宗成法，恐將來有不軌情事，不能不先弗豫防。信中之語，并牽連署臬司黃公度廉訪。」〔註115〕由此可見，地方官吏與士紳之間在湖南新政的推行上，已開始出現分歧。

緊接著，在王先謙等人向陳寶箴上書，以及稍後熊希齡在《湘報》中所發表的〈上陳中丞書〉此而兩件事之後，後人所言的「新舊之爭」開始表面化。

第三節　湖南士人之間的論戰

早在張之洞向《湘報》提出警告之前，葉德輝曾針對時務學堂及《湘報》上的一些言論作出批評。例如經學家皮錫瑞，曾在《湘報》上發表〈醒世歌〉一文，其大意爲勸導士人要與外國人和平共處，切莫多生事端。〔註116〕在其文中，有一句云：「若把地圖來參詳，中國並不在中央；地球本是渾圓物，誰是中央誰四旁。」〔註117〕此句引來葉德輝的異議。在他寫給皮錫瑞的信中，他認爲：

> 地球圓物，不能指一地以爲中；但合東西南北考之，南北極不相通，則論中外當視東西矣。亞洲居地球之東南，中國適居東南之中，無中外獨無東西乎？四時之序，先春夏五行之位，首東南，此中西人士所共明，非中國以人爲外也。五色黃屬土，土居中央；人辨中，人爲黃種，土耳其亦黃種，即突厥徒居於此。是天地開闢之初，隱與中人以中位。西人笑中國自大，何不以此理曉之？〔註118〕

〔註114〕梁鼎芬函（六十五），《汪康年師友書札（二）》，1911。

〔註115〕〈東南各省新聞：湘撫被劾〉《國聞報》，203號，1898年5月25日。

〔註116〕皮錫瑞自言：「見本日《湘報》，〈醒世歌〉已刻上，人必詬病，但求喚醒夢夢，使桑梓之禍少紓耳。」見：清光緒二十四年三月十六日（1898年4月6日），〈師伏堂未刊日記〉，1959：1（長沙，1959年3月），85

〔註117〕皮錫瑞，〈醒世歌〉，《湘報》，27號，1898年4月6日，106a～b（總頁211～212）。

〔註118〕〈與南學會皮孝廉書〉，《郎園論學書札》，9b～10a，收於王逸明（主編），《葉

在葉德輝而言，皮錫瑞在《湘報》所寫之文章「爲最博通」，可是卻「斷斷於耶穌傳敎之辨，言多必失，故或爲道路所譏。評世兄歌詞，亦有聞而議之者，鄙人於公文字之好，不可謂不深，雖其間學有異同，而一得之愚，或亦公所未及。」〔註119〕葉德輝對於皮錫瑞尙且有如此之評價，其他爲《湘報》與《湘學報》寫稿之士人，更不爲葉德輝所讚賞。與張之洞一樣，他對於易鼐的〈中國以弱爲強論〉亦不以爲然。在他看來，易鼐之文「爲通敎合種之說」，故「同邑之士羣起而攻之」，實屬必然。他認爲：

> 易生所論，并【並】非出於本心，乃襲《時務》議論中之殘唾，參以癸巳年《申報》宋存禮所上合肥相國書。識者當鄙其學之陋，不當訝其論之新。此生本無所知，不過急於求名，冀聳一時之聞，聽若舉邑與之相持，是快其意也。〔註120〕

葉德輝認爲「《湘學報》外間指摘者，大抵吾邑易生之類，初尙未及。其餘《湘報》謬論既多，宜乎召人攻擊，人人皆有君父，豈得謂之文人相輕？公誤矣！誤矣！」〔註121〕因此，他對於時務學堂的敎學內容有所質疑，認爲其「講學託名於開民智、伸民權，則試問今日之民，誰肯居於不智？又試問不智之民，何必更伸其權？況所講之學，爲康有爲之學乎？夫康有爲改制、僞經，其狂悖駭俗，與吾邑易生同，而其襲人之說以爲己說，亦復相類。」〔註122〕可見他對於康有爲學說之反感，而由於易鼐等人的論說，與康有爲相近。故葉德輝批評易鼐之主要原因，即在於此。

此後，葉德輝與皮錫瑞就曾就此有多番之書信往來。針對葉德輝之批評，皮錫瑞自稱：

> 弟所學本兼漢宋，服膺亭林、船山之書，素主變法之論，今講已十餘次，所說非一端，其大旨在發明聖敎之大，開通漢、宋門戶之見；次則變法開智，破除守舊拘攣之習，如是而已。登堂說法，即錄付

德輝集》，第 1 冊，317～318。

〔註119〕〈與南學會皮孝廉書〉，《郋園論學書札》，11b，收於王逸明（主編），《葉德輝集》，第 1 冊，318。

〔註120〕〈與南學會皮孝廉書〉，《郋園論學書札》，11a～11b，收於王逸明（主編），《葉德輝集》，第 1 冊，318。葉德輝所云宋恕之文，應爲宋恕，〈上李中堂書（1892年 5 月 20 日）〉，收於胡珠生（編），《宋恕集》，上冊，498～504。

〔註121〕〈答南學會皮孝廉書〉，《郋園論學書札》，15a，收於王逸明（主編），《葉德輝集》，第 1 冊，320。

〔註122〕〈與南學會皮孝廉書〉，《郋園論學書札》，12a～12b，收於王逸明（主編），《葉德輝集》，第 1 冊，319。

報館，非但不能如著書，字字斟酌，並不足以言文，其語氣之抑揚，

言詞之出入，自不免有過當之處，言多必失。〔註123〕

在信中，皮錫瑞亦極力說明自己與康、梁等人並無任何關係，云「弟與康未謀面，徐（指徐仁鑄）、梁到此始見，皆無深交，與公文字交已十年，愛公甚於徐梁。」〔註124〕從兩人之間的書信往來，可以想見士人之間已經開始出現分歧，而其分歧主要在於一些士人對康學的排斥。

若深究葉德輝信中所言，則會發現他對於西學的看法：他沒有排斥西學的作用，只認爲「中國政寬而教實，西國政實而教虛。」〔註125〕與此同時，他亦撰寫《明辨錄》，批評時務學堂「以《公羊》、《孟子》教授湘中弟子」，使得「三尺童子皆知言改制，言民權，言秦始皇不焚書，言王安石能變法。千百年之是，一旦得而非之；千百年之非，一旦反而是之。而二三浮薄少年、空疏不學之士，肆其簧鼓，自誣其教祖，自滅其先民。」這使得湖南年青士子「於中華爲非類，於西俗爲叛徒，雖明季李卓吾、金人瑞之徒，其悖謬失據，喪其本心，未有如此之甚者也。」〔註126〕故他把他寫給其於學堂就讀的弟子之信件，編纂成《明辨錄》一書，以抗拒時務學堂所引起之風潮。此外，他亦針對徐仁鑄〈輶軒今語〉一文，撰寫〈輶軒今語評〉以反駁之。在此文中，針對徐仁鑄的論點，逐一批駁。〔註127〕

至於王先謙，其常自詡「平生願爲讀書人，不欲貌襲名士；願爲正人，不欲貌襲道學；願爲建言之人，不欲貌襲直諫。」〔註128〕對於康學之進入，自不會袖手旁觀，在他寫給吳學競的信中，就有以下的觀感：

半月前，見梁啓超批學生課稿，各本稱南海先生，然後知爲康有爲

〔註123〕〈附南學會皮孝廉書〉，《郋園論學書札》，16b～17a，收於王逸明（主編），《葉德輝集》，第 1 冊，321。

〔註124〕〈附南學會皮孝廉書〉，《郋園論學書札》，18a，收於王逸明（主編），《葉德輝集》，第 1 冊，322。

〔註125〕〈與南學會皮孝廉書〉，《郋園論學書札》，15a，收於王逸明（主編），《葉德輝集》，第 1 冊，318。

〔註126〕此書作於光緒二十四年閏三月，葉德輝謂此書爲「邵陽石陶鈞、衡陽劉煥辰、清泉黃駿從余問字，年皆志學，數有書相誡約，外間頗有傳者。吳縣羅紹元、山陰汪祖翼錄付梓民。梓成，持以示余，並請署首。余因名之曰《明辨錄》，明者，暗之鏡也。」見：王逸明（主編），《葉德輝集》，第 4 冊，427。

〔註127〕見：葉德輝，〈葉吏部輶軒今語評〉，收於蔣秋華（編），楊菁（點校），《翼教叢編》，147～185。

〔註128〕吳慶坻，《蕉廊脞錄》（北京：中華書局，1990），235。

之弟專以無父無君之邪説教人，大爲駭怪。同人遂有聯名具呈之事，熊庶常不速醒悟，反爲不平，不知何意？然則得罪名教之亂臣賊子，當在公同保護之列歟，來諭謂熊、唐、譚、樊諸人，庸人孺子咸欲得而甘心。然今尚掉臂游行‧昌言無忌‧公道果何存也？〔註129〕

他曾致函與《湘報》的其中一名撰寫人畢永年，對於時務學堂與南學會的講習內容亦有所批評。他首先肯定南學會等之作用，認爲「我省城學會聚講多賢，《湘報》刊行，見聞廣遠，開拓民智，用意甚善；此外，道合志同，各自立會，互相切劘，亦不失敬業樂羣之義。」〔註130〕不過，他認爲新政的首要之務「在海軍，民之要圖在商務。」但是，他認爲新政進行至此階段，面對以下的狀況：

草野二三君子，以振興世道爲己任，不思盡心實事，挽救阽危，而相扇以虛名，專意鼓動世俗。即使率士覺悟，太息呼號，而無開濟之道。譬猶舉家醉臥，蘧然夢醒，束手相顧，以須盜之入室，所謂固圍而保種者，果安在乎？〔註131〕

他接著對於維新人士有以下的批評：

今足下欲僕伸議事之權，魁求新之黨，嚶鳴求友，聒於市人，返之此心？良非素習？南學啓會迄今月餘，眾口紛有如矛戟，平情論之，陳中丞開講數次，聽者洒然動容，亦由居得爲之位，任先覺之責，故感人如此其深也。此外，會講諸君不免被人吹索。報館之雜襲鱗萃，或侈口徑情，流爲犯訕，或黨援推奉，自召不平，教人以言，本非易事，況復擇語不愼，何謂人言不足畏也？今日羣才奮興，莫不自命千古，誰肯受人指摘，而欲僕攝齋登堂，攢眉入社，附和既所難安，箴規又不敢出，徒然東塗西抹，與三五少年相追逐，豈復有善全之地邪？竊謂：中國學人大病在一空字，理學興則舍程朱而趨陸王，以程朱務實也；漢學興則詆漢而尊宋，以漢學苦人也。新學興，又斥西而守中，以西學尤繁重也。至如究心新學，能人所難，宜無病矣。然日本維新，從製造入；中國求新，從議論入，所務在名，所圖在私，言滿天下，而無實以繼之，則亦仍膜一空，終古罔

〔註129〕〈復吳生學競〉，蔣秋華（編），楊菁（點校），《翼教叢編》，333。
〔註130〕〈復畢永年〉，蔣秋華（編），楊菁（點校），《翼教叢編》，329。
〔註131〕〈復畢永年〉，收於蔣秋華（編），楊菁（點校），《翼教叢編》，329～330。

　　濟而已。何如閉戶自修，不立名目，不事徵逐，尚留我本來面目之
　　爲愈邪。〔註132〕

葉德輝與王先謙的論點，並非其個人特有之觀點。事實上，他得到不少士
人的肯定。賓鳳陽就曾寫信與葉德輝，謂「邇來徐學使來湘刊布〈輶軒今
語〉，四處分送，近復張貼到院。閱之十分駭詫。竊念吾湘人士，雖乏開通
卓越之選，究皆有誠樸篤穆之風。今學使主張康學，以公法比《春秋》，以
蔑古爲宗旨」，令他「幾於忿恨莫名，久擬就管見所及，評駁一二，以告同
志，奈才力綿薄，未能遽達鄙見。」但他在友人家中「得先生〈輶軒今語
評〉，誦閱一遍，令人分外爽快」，稱讚葉德輝「洵正學之先聲，中流之砥
柱也。」〔註133〕他聽到傳言，得知〈輶軒今語〉爲梁啓超所寫，故認爲梁
啓超「專以異說邪教陷溺士類，且其黨與蕃眾，盤踞各省，吾湘若仍聽其
主講時務學堂，是不聚百十俊秀之子，焚而坑之。」他認爲「學堂之立，
原欲開通民智，講求時務，而敗壞一至如此，非二三縉紳先生，起而維持
之，湘楚大局，尚可問哉？」〔註134〕因此，在賓鳳陽這些士紳支持下，才
有〈湘紳公呈〉的出現。

　　面對外界的批評聲浪，時務學堂與南學會所受之壓力不小。與此同時，
其內部之分歧亦不小。由於主持變法之緣故，梁啓超已離開湖南，譚嗣同亦
前往北京。因此，支撐這兩個機構運作的，只有唐才常、熊希齡、皮錫瑞等
湖南士紳與葉覺邁等康門弟子。南學會所作之講演，亦不是全然爲士紳所接
受。皮錫瑞就觀察到：「予與廉訪講畢，曾某接講保種保教，人一鬧而去者大
半。」〔註135〕可見其言論不爲聽眾所喜。而由於受到士紳與張之洞方面之壓
力，有士紳曾建言《湘報》改名爲《湘會報》，但不被接受。〔註136〕可見當時
湖南趨新士人所面對之困境。而皮錫瑞應陳寶箴之邀，前往江西任教務實學

〔註132〕〈復畢永年〉，收於王先謙，《虛受堂書札》（臺北：文海出版社，1971），卷
　　　　一，33b～34b。
〔註133〕〈賓鳳陽與葉吏部書〉，收於蔣秋華（編），楊菁（點校），《翼教叢編》，326
　　　　～327。
〔註134〕〈賓鳳陽與葉吏部書〉，收於蔣秋華（編），楊菁（點校），《翼教叢編》，327。
〔註135〕清光緒二十四年閏三月二十五日（1898 年 5 月 15 日），〈師伏堂未刊日記〉，
　　　　1959：1（長沙，1959 年 3 月），108。
〔註136〕「到學會，戴（即）云：《湘報》將改名《湘會報》，不列議論。畏首畏尾，
　　　　殊無謂也。」見：清光緒二十四年四月初二日（1898 年 5 月 21 日），〈師伏
　　　　堂未刊日記〉，1959：1（長沙，1959 年 3 月），頁 113。

湖南新政（1895～1898）與近代中國政治文化論述之形成

堂。〔註137〕在此以後，南學會實在難以維持下去。因此，南學會於 1898 年 6 月 18 日進行最後一次講演後，便宣告停會。〔註138〕

至於時務學堂，其受到之批評最爲激烈。在梁啓超尙末離開湖南時，已經流傳不少不利於時務學堂的傳言，「或謂中丞已厭卓如，或謂日內將使祭酒代秉三，葉奐彬爲總教習。種種僞言，皆云出自中峰。韓、歐、葉三君聞之，即忿然欲去，經受業再三婉留，始安其位；然其憤懣之心，未嘗一日釋也。」〔註139〕其後，嶽麓書院學生賓鳳陽等上書王先謙，批評梁啓超等「自命西學，兼長意爲通貫，究其所以立說者，非西學實康學耳」，「今之爲學堂、學會，非徇警路人之木鐸，直吹散子弟之楚歌。朝廷誥諭頻仍，大吏多方籌畫，而以成就如許無父無君之亂黨，何爲哉？」〔註140〕王先謙即聯合葉德輝、孔憲教、張祖同等人，於 1898 年 7 月 10 日上書陳寶箴，在信中對於時務學堂有以下的批評：

> 梁啓超及分教習廣東韓、葉諸人，自命西學通人，實皆康門謬種，而譚嗣同、唐才常、樊錐、易鼐輩，爲之乘風揚波，肆其簧鼓。學子胸無主宰，不知其陰行邪說，反以爲時務實然，喪其本眞，爭相趨附，語言悖亂，有如中狂。始自會城，浸及旁郡，雖以謹厚如皮錫瑞，亦被煽惑，形之論說，重遭詬病。〔註141〕

〈湘紳公呈〉提出：「本源不清，事奚由治？伏乞大公祖嚴加整頓，屛退主張異學之人，俾生徒不爲邪說誘惑，庶教宗既明，人才日起，而兼習時務者，不至以誤康爲西，轉生疑阻。」〔註142〕其中表現出對康學的清算。另外，王先謙等人還發表〈湘省學約〉，認爲康有爲之邪說散見於「學堂評語、學會講義，及《湘報》、《湘學報》，不勝僂指。似此背叛君父，誣及經傳，化日光天

〔註137〕湯志鈞等人曾指出皮錫瑞是因與葉德輝之論戰而被迫離湘。惟據吳仰湘之考証，皮錫瑞是受到陳寶箴父子之邀請，前往江西出掌求實學堂。見：吳仰湘，〈南學會若干史實考辨〉，《近代史研究》，2001：2（北京，2001 年 4 月），281～292。

〔註138〕吳仰湘，〈南學會若干史實考辨〉，《近代史研究》，2001：2（北京，2001 年 4 月），284～286。

〔註139〕〈唐才常致歐陽中鵠書（九）〉，收於湖南省哲學社會科學研究所（編），《唐才常集》，237。

〔註140〕〈嶽麓書院賓鳳陽等上王益吾院長書〉，收於蔣秋華（編），楊菁（點校），《翼教叢編》，301。

〔註141〕〈湘紳公呈〉，收於蔣秋華（編），楊菁（點校），《翼教叢編》，311～312。

〔註142〕〈湘紳公呈〉，收於蔣秋華（編），楊菁（點校），《翼教叢編》，312。

之下，魑魅橫行，非吾學中之大患哉！」因此，〈湘省學約〉提出幾點要點，以能「嚴身心義利之界，晰古今政學之精，究國家利病之原，探東西藝能之蘊。」〔註143〕其中有云：

> 從前湘省書坊出售西學諸書，慮觸時忌，取名「新學書局」，不料爲康學者從而依託其中，以致惑亂人心，實堪痛憤。方今朝廷言學，中西並采，屢見綸音，吾輩草野寒儒，遵奉宸謨，豈於西學尚有嫌忌？已商之坊肆，將「新學書局」一律改爲「西學書局」，以免康學冒託，是亦正名杜害之一端也。〔註144〕

對於徐仁鑄擔任學政時的作爲，亦有所批判：

> 國朝沿明之舊，以制藝取士，法律綦嚴。近時風氣大非，或剿竊子史，或闌入時事，甚且綴緝奇字怪語，不知音義，無可句讀，文風幾於掃地。乃持文衡者，大半茫昧，動爲所欺。此以是投，彼以是取，輾轉傚效，循而不變，必至科目無一通人，宜朝廷以時文積弊太深，改試策論也。然試場策論，非有學術能文章者主持之，其弊殆比時文更甚。〔註145〕

從〈湘省學約〉中，可見王先謙等人決意回復爲康學所「污染」的湖南學風。故他們所針對的是康學而非西學。而徐仁鑄等人的作爲，在他們看來是爲康學作宣傳，故不得不除。

陳寶箴收到〈湘紳公呈〉後，亦不得不對時務學堂採取行動。他閱調閱學堂之課卷。因有傳言時務學堂分教習在熊希齡之授意下，連夜大量更改課卷上之批註。〔註146〕陳寶箴調閱課卷後，發現時務學堂確有「不得不急救者」〔註147〕，故陳寶箴遂有意重組時務學堂，聘請沈曾植前來接任總教習一職，〔註148〕並把韓文舉等三人辭退。〔註149〕

〔註143〕 〈湘省學約〉，收於蔣秋華（編），楊菁（點校），《翼教叢編》，313。
〔註144〕 〈湘省學約〉，收於蔣秋華（編），楊菁（點校），《翼教叢編》，315。
〔註145〕 〈湘省學約〉，收於蔣秋華（編），楊菁（點校），《翼教叢編》，318。
〔註146〕 〈上歐陽中鵠書（二十一）〉，收於蔡尚思、方行（編），《譚嗣同全集（增訂本）》，474。
〔註147〕 陳善偉，《唐才常年譜長編》，下冊，543。
〔註148〕 鄒代鈞云：「右丈意擬請子培爲總教，其分教則用湘人士之通達者。昨電請催子培來，不知此君現在何相處？甚盼甚盼。得此君，湘氛當一廓清，祈力贊之。」（見：鄒代鈞函（六十九），《汪康年師友書札》（三），2758。）又據皮錫瑞〈師伏堂日記〉云：「學堂總辦屬頌年，教習請子培，學會仍請我宣講，

　　面對此一狀況，趨新人士亦非全無反擊之力。熊希齡就在《湘報》中刊登了〈上陳中丞書〉，在此文中他強調自己對於新政所下之苦功。同時，熊希齡對於王先謙等人，亦語多批評。如抨擊張祖同為貪財之人，又抨擊王先謙、葉德輝等人對時務學堂之態度前後不一。〔註 150〕此後，為呼應張之洞、陳寶箴向光緒上書改革科舉之機，熊希齡更聯同吳獬、戴德誠等人，向陳寶箴建言整頓學堂，云「現在科舉初變，風氣初開，民間興學，毫無條理，新延山長，僅傳一家之言，適開攻擊之的，由於在上者無教法章程，以樹之則也」，並云「從前書院，大半虛文，往往同籍紳士，視為養老之資，或假師位，以要結官長，招搖納賄。」〔註 151〕因此，他向陳寶箴提出七條建議，以期能大力整頓湖南境內之書院，使其能在新式科舉中派上用場。此舉明顯是針對在書院中任職山長的王先謙。不過，在這波鬥爭中，熊希齡仍處於下風。最後，他被派往監督出洋學生，遠離湖南。

　　為了消除康學對湖南之影響，葉德輝的學生蘇輿編成了《翼教叢編》一書。《翼教叢編》的內容可分為以下幾項：卷一，在異學萌芽之際，朱一新與洪良品對其所作的批判，朱一新從性義上作出精采的分析；卷二，在邪說盛行時期，安維峻等人衛持正道的言論；卷三，張之洞、王仁俊等人對於邪說的指摘與反駁，以匡正正道；卷四，康黨的言論對士人的是非價值造成混亂，葉德輝與汨羅學人對其加以糾正；卷五，當正道衰落時，以義理使陳寶箴掃除邪道；卷六，在邪說流行時湖南士人間的來往書信，從其內容可以看出反變法運動的歷史經過及其思想，並作為將來擁護正道立場的立足點。〔註

　　　　勸我於中秋前趕到。」（見：光緒二十四年八月十日（1898 年 9 月 25 日），〈師伏堂未刊日記〉，1959：2（長沙，1959 年 7 月），151。）子培即沈曾植，據王蘧常〈沈寐叟年譜〉云：「（戊戌年）五月應湖南巡撫陳右銘寶箴之約，未往」應指出任時務學堂總教習一事。見：王蘧常，《沈寐叟年譜》（臺北：臺灣商務印書館，1977），33。

〔註 149〕陳善偉，《唐才常年譜長編》，下冊，547～548。另據鄒代鈞云：「時務學堂各分教，均一律辭去。卓如得保，自不再來。」（見：鄒代鈞函（六十九），《汪康年師友書札》（三），2758。）

〔註 150〕如葉德輝曾對石陶鈞云：「梁先生講公羊，你無妨從而學之。」熊希齡質疑他「何以卓如一去，遽變初心。」見：熊希齡，〈上陳中丞書〉，《湘報》，112號，446a（總頁 1059）。

〔註 151〕〈東南各省新聞：湖南紳士上湘撫陳整頓書院稟稿〉，《國聞報》，293～294號，1898 年 8 月 23～24 日。

〔註 152〕有田和夫，〈反変革思想──『翼教叢編』考〉，收於氏著，《近代中国思想史論》（東京：汲古書院，1998），86～111。

152〕就此書的觀點而言，康有為等人大逆不道，假借西學之名以行康學，故為使湖南年輕士人不受康學之影響，故有必要反駁康梁等人之謬論。如蘇輿就把兩封葉德輝寫給其後輩的信編進《翼教叢編》。其中，葉德輝在〈與劉先端黃郁文兩生書〉中，自云「前日過訪，見几案有康有為孔子改制考，兩弟必檢讀一遍」，「余固不欲兩弟博學能文之人，但欲兩弟為謹言慎行之人。」故修書與此二人，對其加以申說。〔註153〕又例如在〈與邵陽石醉六書〉一書中，認為「梁卓如人尚篤實，信其師說，則將禍我湘人。」〔註154〕蘇輿的用意，在於以此作例子，以說明康學之禍害。由此可見，蘇輿通過此書，其意在於正人心，而非反對新政。所以，不應以守舊之眼光去看待《翼教叢編》，而應以當時湖南各派之間的人事糾葛來加以看待。

小結

　　本章試圖通過對湖南新政進程的重新刻劃，意圖在現行學界的論點中，提出一些新的見解與觀點。從本章的論述之中，可以看到：「維新」與「守舊」之爭，初時並不存在於湖南士人之間。在新政初起之時，湖南所有士人，無一不支持新政之運作。無論是失意試場的唐才常，或是地位崇高的王先謙，都對新政予以一定程度的助力。他們與地方官員的通力合作，使得在甲午戰爭後全中國亟欲變法之氛圍下，湖南一地能夠創出一番新氣象，從而成為推行新政最力的省份。

　　不過，隨著康有為及其學說的流行，對於湖南一地士人產生了不同程度的影響。在當時的思想環境而言，康有為無論在行事上和學術上都受人爭議，使得不少士人對其動機和作為大加批評。湖南一地，由於徐仁鑄在地方考試和教化工作上引進康學，已引起當地士人的不安，而在梁啟超主持時務學堂以後，情況更為惡化。許多本來支持新政的士人，對於梁啟超等人及部分信服康學的士人產生質疑，進而引起一些爭執。就連在維新人士內部，亦存在著矛盾。陳寶箴就曾被批評「無真識定力」〔註155〕；皮錫瑞亦認為「康梁用

〔註153〕〈與劉先端、黃郁文兩生書〉，收於蔣秋華（編），楊菁（點校），《翼教叢編》，343～348。
〔註154〕〈與邵陽石醉六書〉，收於蔣秋華（編），楊菁（點校），《翼教叢編》，338～343。
〔註155〕〈山東道監察御史楊深秀摺（光緒二十四年七月二十九日）〉，《戊戌變法檔案史料》，182。

事，毀譽參半。」〔註 156〕可見，所謂的同一陣營，對於康有爲之作爲，亦難
以接受。而鄒代鈞在寫給汪康年的信中，就表達他與其他同一陣營趨新士人
之間的衝突：

> 大約公度【黃遵憲】雖不達人情，而心術尚不至陰。康黨則不然，
> 同我者黨之，異我者仇之，勢可殺則殺之，其奸詭亦不可不防。鄙
> 人爲時務學堂事，竟與譚、熊爲深仇，譚雖得保而去，熊則仍踞此
> 間，動輒以流血成河爲言，且行同無賴，似難與計較。〔註 157〕

由此可見，趨新士人內部亦非全然團結，一致向外。而從本章的論述看來：
王先謙等人所反對的只是康有爲的學說。但是，他們對西學，在根本上抱持
肯定的態度。因此，可以注意到他們批評梁啓超等人的文章中，所用的詞彙
都主要針對康學，而非針對西學；例如王先謙就撰寫〈科舉論下〉一文，就
聲言「夫康黨立心背畔，議改制度，以炫亂天下耳目。其欲變衣冠，更憲法，
斷不可行者也。」〔註 158〕可見他只針對康、梁等人的一些作爲。其對於西學，
並不見得有所排斥。

　　所謂的「維新」與「守舊」之爭，只有在趨新士人爲自身行爲所作的辯
護中，才會存在。他們把批評自己的人稱之爲「守舊」，以爲自己的政治作爲
提供合理性。所以在對於王先謙等人的描述，往往貼上「守舊」之標誌，而
忽略他們思想中的趨新意向。隨著清末政治局勢的變化，這些名詞亦一再出
現，成爲中國政治文化的重要政治語言。而湖南新政亦成爲各方政治力量在
政治論述的重要思想資源。

〔註 156〕清光緒二十四年六月二十一日（1898 年 8 月 8 日），〈師伏堂未刊日記〉，1959：
　　　2（長沙，1959 年 7 月），134。
〔註 157〕鄒代鈞函（六十九），《汪康年師友書札》（三），2757～2758。
〔註 158〕王先謙，〈科舉論下〉，收於王先謙，《虛受堂文集》，5a～6b（總頁 47～50）。

第五章　與時並進的新舊之爭

　　在前三章中，本論文對於湖南新政實施的前因後果，一些措施在實際執行上所遇到的困難，以及士人之間就新政路線問題的論爭，都有所說明。透過本論文的分析，可以得知後人之記述與真實歷史過程有著落差。可是，這些落差從何而來？為何會出現落差呢？更進一步來說，後世對於湖南新政運動的認識，又是如何的生產出來呢？借用 Paul Cohen 在研究義和團的例子時指出：歷史的書寫，共有三個層面——即史家的描述、一些特定群體對該歷史事件的認識、以及對該歷史事件的神話化。〔註1〕如果 Paul Cohen 的論點亦可作為對以上問題的回答，透過史料的耙梳，則會發現：後世圍繞著新政、「新舊之爭」所形成的論述，往往都是依賴於立憲派或革命黨人的認識而成的。這種歷史論述的形成過程往往排除了其他歷史論述。因此，又出現一個問題：是什麼原因形成了這段歷史論述呢？

　　在以往湖南新政的歷史論述中，反對湖南新政的士紳，如王先謙、葉德輝等人被貼上「守舊派」的標籤〔註2〕；而梁啓超、譚嗣同、唐才常等人，則被視為引領中國政治革新的「維新派」。在這種情形之下，「守舊」往往被賦予負面的意義，而「維新」則是具有正面的意義的。這種喜新厭舊的政治傾向，與以往的看法不同。又是什麼原因引致這種論述的出現呢？若然仔細推

〔註1〕　可參見：Paul Cohen, "Three ways of knowing the past", *China Unbound：Evolving perspectives on the Chinese past*（London and New York： Routledge Curzon,2003）,pp.200～217.此文為他寫作《歷史三調》時之心得。

〔註2〕　湯志鈞的說法，最能代表這種思維：「王先謙、葉德輝、蘇輿，湖南頑固派之魁首；《翼教叢編》、《覺迷要錄》，誹謗新政最力之宣傳品也。」見：湯志鈞，《戊戌變法人物傳稿》（臺北：文海出版社，1974），275。

敲，則會發現這與近代中國的政治文化有密切之關係，而報刊則扮演著相當重要的角色。

因此，在探討這些問題之前，得先說明報刊對於思想文化所起的重要作用。張灝曾以轉型時代的概念，去說明中國近代史的一些重要特質。他曾指出：在1895～1925年這三十年間，報刊雜誌等制度性傳播媒介的出現，使得思想與知識得以傳播到全國，對於文化的變遷是一大動力。〔註3〕所以，探討湖南新政論述的形成時，傳播媒體在此過程中所起之作用，實有必要加以檢討。而這種論述的形成，實與當時的政治文化有密切之關係。因此，在探討此過程時，不應只把視野局限於湖南一地，而應把眼光放在全中國的情境之中加以探討。如果對這些論述形成的過程加以探討，則會發現「維新」、「守舊」這些名詞之出現，實與政治有著密切之關係。

戊戌變法中，康、梁等人以「維新」派自居，對於反對新政者則視之以「守舊」。而在湖南新政推行期間，皮錫瑞在其日記中亦把反對新政路線之人稱為「守舊」。不過，這些名詞在戊戌維新期間，始終沒有成為政治論述上的主要用語。直至梁啟超等人流亡海外，「維新」、「守舊」這些名詞始成為政治論說的主流。

本章將通過報刊、時人之日記、奏摺等材料，試圖探討戊戌前後中國士人如何看待湖南新政，又是如何形成新、舊這兩種截然不同的觀念；而在清末的革命思潮中，革命黨人和立憲派又是如何從湖南新政的歷史論述中，選取有利於本身的片段，以強化自身的政治論述。此外，與近代中國關係密切的日本，又是如何看待湖南新政這段歷史呢？本章將通過這些資料，試圖從中刻劃湖南新政中的一些形象，如何作為近代中國政治文化的政治語言的重要一部分。

第一節　全國士人對於湖南新政的看法

在前一章中，對於湖南新政中湖南士人之間的紛爭，有所申說。在本節中，將從全國的角度去看待湖南新政。

在光緒皇帝接納康有為的建議，下詔實施新政後，實質上進入了百日維新的階段。在這時期，新政的一些措施，令中央體制出現重大變動。因而引

〔註3〕　張灝，〈中國近代思想史的轉型時代〉，收於氏著，《時代的探索》（臺北：聯
　　　　經出版社，2004），37～39。

起一些官僚的反彈與阻撓，因而被支持維新的人士以「守舊」斥責他們的政敵。如禮部尚書許應騤「倡言經濟科之無益，務欲裁減其額」〔註4〕，而遭批評為「迎合守舊者也。」〔註5〕遠在安徽的吳保初就觀察到：「戊戌春，聞京師分新舊兩黨，日夕攻軋，如水火冰炭，各不相能」，而他認為「吾不懟其【指反對維新之人】攻新，獨憤所守之舊，非舊耳。」〔註6〕可知阻撓變法的勢力不弱。但在時人的觀感，對於維新人士多予以支持。

　　湖南新政中的中堅份子（如譚嗣同、唐才常等）都與一些外省士人有所交往。例如譚嗣同、陳三立、鄒代鈞就曾與浙江的葉瀚、孫寶瑄等結拜。〔註7〕南洋華僑邱菽園於 1897 年在友人處看到《湘學報》，得知唐才常其人，與之通信。〔註8〕在一些士人心目中，亦讚同湖南新政之成就。例如當時旅居廣東的劉學海就認為：「卓如聞已到湘掌教時務學堂，從此陶冶裁成，廣開風氣，人材可為國用耳。所最憤恨者，我粵通商最早，本習聞西學，奈此邦人士皆持守舊之說，深閉固拒，不少變通。居上者又專與西學為仇，莫為提倡，殊可痛也。」〔註9〕當時人在海外，久未踏足中國的孫中山，亦認為：「湖南一省昔號為最守舊之地，今亦改變如此，真大奇也。」〔註10〕所以，在戊戌變法的實施來說，湖南實為推行最有力之省份。其成就亦廣為人所肯定。

〔註4〕　〈掌山東道監察御史宋伯魯等摺（光緒二十四年五月初二日）〉，見：國家檔案局（編），《戊戌變法檔案史料》，5。

〔註5〕　中國史學會（編），《中國近代史叢刊：戊戌變法》，第 1 冊，336。

〔註6〕　吳保初，〈論陰撓變法之害下〉，《北山樓集》（合肥：黃山書社，1990），104。

〔註7〕　葉瀚云：「願生知軍事之敗，由於教育不修；教育不修，由於法令不良，欲復仇而雪恥，宜為改革計，非一日數年間所可期也。遂與其同志友人湖南新化鄒代鈞、義寧陳三立、瀏陽譚嗣同、達縣吳德瀟、吳樵父子，錢塘汪康年等，深相結納。時錢塘夏曾佑太守亦自京避兵來鄂。雖文襄奉命調任兩江，然陽夏間冠蓋之盛，實以是時為最。而中國宜全國變法圖新之議，亦公然騰諸有識士夫之口，絕無諱忌矣。」見：葉瀚，〈塊餘生自紀〉，《中國文化研究所集刊》，第五輯（上海：復旦大學出版社，1987），481。

〔註8〕　田野橘次，〈瀏陽唐佛塵傳〉，收於姜泣群（編），《民國野史》（山西：山西古籍出版社，1999），217。當邱菽園得知自立軍事敗，唐才常遭處死之消息時，「驚痛慘憶，哭成六章」。在其所寫之詩中，有云：「先喪出師身，遺集成騷屑，微生悟佛塵，譚唐兩已知，刎頸倘前因」見：丘菽園，〈詞林〉，《臺灣日日新報》，4213 號，大正 3 年 1 月 31 日（1915 年 1 月 31 日），3 版。

〔註9〕　劉學海函（二），《汪康年師友書札》（三），2885。

〔註10〕　孫中山，〈與宮崎寅藏等筆談〉（1897 年 8 月～1898 年 8 月間），收於中國社會科學院近代史研究所中華民國史研究室等（編），《孫中山全集》，第一卷（北京：中華書局，1981），180。

　　隨著維新思潮的推廣與發展，譚嗣同、唐才常等人的名聲亦為全國士人所認識。不過，在這首變法改革的樂曲之中，亦混雜著不少雜音。例如在江蘇由孫福保、王仁俊等主辦的《實學報》就是一例。其所以得名，因辦報者希望此報能「講求學問，攷覈名實為主義；博采通論，廣譯各報，內以上承三聖之緒、外以周知四國之為」〔註11〕，故以《實學報》名之。在《實學報》中，亦有不少有異於戊戌維新主流論調的文章，如〈實學平議〉、〈論變法之議〉。在這些文章中，可以看到《實學報》編輯群的論點，與《時務報》不同，亦與《湘學報》之言論亦不同。

　　在湖南新政路線的論爭之中，蘇輿編纂了《翼教叢編》一書。此書被視為對湖南支持新政人士的總攻擊。此書除收錄了湖南當地士人對康梁學說及時務學堂課藝的批駁外，還收錄王仁俊等人在《實學報》中所刊登之文章。（在前一章就已對於《翼教叢編》之內容作出探討。）若仔細分析此書所收文章的作者，則可得知其作者群已超出湖南一省之外，而遍及至全國。所以，要認識《翼教叢編》此書刊行的意義，應把此書放在 1898 年的時空環境加以考察。以此眼光視之，則《翼教叢編》可視為對戊戌維新主流論調的回響。

　　隨著新政思潮的醞釀與正式推行，康有為、梁啟超等人就形成所謂的「康黨」。「康黨」的定義相當廣泛，在全國的格局而言，反對維新的榮祿等人則被視為「舊黨」，而與梁啟超等共同推動新政的士人，亦被視為「新黨」，亦因此掛上「康黨」之名。但就湖南的局面而言，倡言推行新政的士人亦自覺與「康黨」有別。例如鄒代鈞就認為康黨「同我者黨之，異我者仇之，勢可殺則殺之，其奸詭亦不可不防。」〔註13〕可見，在趨新士人當中，亦有對康有為等人不抱好感者。雖然一些湖南士人確有參與中央的維新活動，但是為數不多。〔註14〕

　　就當時的情勢而言，康有為等人的政治威望，可謂如日中天。有人就觀察到：「朝政維新，新黨之氣大伸，舊黨已如【王安石】燼火」〔註15〕，有人

〔註11〕王仁俊，〈實學報啟〉，《實學報》，1 期，1898 年 8 月 28 日，收於實學報社（輯），《實學報》，第 1 冊（臺北：文海出版社，1996），63。

〔註13〕鄒代鈞函（六十九），《汪康年師友書札》（三），2757～2758。

〔註14〕例如畢永年就曾參與頤和園的包圍計畫，關於畢永年的政治活動，可參閱：藤谷浩悅，〈戊戌變法と畢永年：湖南維新派の思想と行動〉，《駒澤史學》，64 期（東京，2005 年 6 月），64～88。

〔註15〕光緒二十四年八月十日（1898 年 9 月 25 日），〈師伏堂未刊日記〉，1959：2（長沙，1959 年 7 月），151。

更認爲「近來新政迭頒，康先生志氣發紓，大有王介甫、張太岳【張屈正】
氣象，言無不聽，計無不從，可謂盛矣！」〔註16〕但是，反對康、梁等人的
王先謙等人，亦非與朝中之「守舊」大臣互通聲氣。有論者就曾指出：沒有
明確的證據說明王先謙等湖南士紳與朝中的大臣有所聯繫。〔註17〕因此，就
此而言：王先謙等人是以己身之力量，抗衡當時在政壇蔚爲主流的康有爲、
梁啓超等人。

　　隨著戊戌政變的發生，康有爲等人遁跡海外、譚嗣同等人被殺，朝野不
少人亦遭到牽連。由於梁啓超曾在湖南時務學堂任教，譚嗣同亦被外界視爲
湖南新政的中堅份子，很難不令人聯想到湖南一省與康有爲等人的密切關
係。所以，在戊戌政變以後，有官員就曾上奏攻擊湖南地方官員與康梁等人
勾結，如陝西道監察御史黃均隆在一份奏章中對湖南地方官員有以下的抨擊：

> 黃遵憲勺【勾】結洋人，挾制督撫之實在劣蹟也。陳寶箴開時務學
> 堂，黃遵憲援引梁啓超爲教習，著爲學約界說諸篇，大抵皆非聖無
> 法之言，湘人惑之。推崇西教，相與詆毀朝政，蔑裂聖賢，刻有時
> 務學堂答問刮課藝等書，創爲民主民權之說，尊康南海曰南海先生，
> 風俗人心，因至大壞。……此皆由陳寶箴聽信其子吏部主事陳三立，
> 招引奸邪，及學政江標、徐仁鑄，庇護康梁所致，而實黃遵憲、熊
> 希齡爲之助其惡而恣其毒也。〔註18〕

由於康有爲等人行蹤不明，就曾有傳言因梁啓超「曾充湖南書院山長」，故
康有爲等人有可能逃往兩湖，〔註19〕可見當時並遍認爲湖南新政與康梁等人
脫不了關係。所以，湖南一省之官員亦不能幸免於難，陳寶箴、徐仁鑄、江
標均因而獲罪。曾協助湖南新政推行的士紳亦被牽連。唐才常戊戌政變後回
湖南省親，「爲頑固派鄒某所見，糾無賴多人圍毆之。」〔註20〕熊希齡「憂讒
畏譏，於邑無色」〔註21〕；此外，蔡鍔「欲求學兩湖書院，又以時務舊生被

〔註16〕繆荃孫函（十六），《汪康年師友書札》（三），3060。
〔註17〕羅志田，〈思想觀念與社會角色的錯位：戊戌前後湖南新舊之爭再思〉，收於
　　　　氏著，《權勢轉移：近代中國的思想、社會與學術》，135～136。
〔註18〕〈掌陝西道監察御史黃均隆（光緒二十四年八月二十一日）〉，見：國家檔案
　　　　局（編），《戊戌變法檔案史料》，472～473。
〔註19〕〈嚴緝逃官〉，《申報》，1898年10月9日，2版。
〔註20〕唐才質，〈唐才常烈士年譜〉，收於湖南省哲學社會科學研究所（編），《唐才
　　　　常集》，273。
〔註21〕唐才常，〈上江標書〉，收於湖南省哲學社會科學研究所（編），《唐才常集》，240。

拒，不得入」〔註22〕；皮錫瑞遭檢舉「主講南學會，與梁啓超、熊希齡等宣演平權民主之說。明目張膽，侮亂經常」，因此被認定其對於「康有爲之學，心悅誠服，若令流毒江西、湖南兩省，必至貽害無窮」〔註23〕因而，皮錫瑞被驅逐回湖南，由地方官嚴加看管；曾在《湘報》中發表〈中國宜以弱爲強說〉而遭受批評的易鼐，因其「年少狂妄」，不爲鄉人所喜，縣學教官更一度要革去其生員之俸給。〔註24〕這些例子，正好說明戊戌政變後湖南趨新士人的艱苦處境。一些士人因此對時局心灰意冷，如鄒代鈞自云「康、梁之罪甚大，舊黨惡之，尚是否各半，其有害於新政，則非淺尠，千載一時，爲此輩所敗，言之痛恨。新機之可復與否，止好任之天運。鄙人此後不再談時政，惟專心輿地，以期有成。」〔註25〕鄒代鈞之言，確能代表當時一些湖南士人的心聲。

與鄒代鈞等人不同，另有一批士人則選擇走上革命的道路。在戊戌政變以後，1900年唐才常在兩湖地區策劃自立軍起事〔註26〕，其目的本爲北上勤王；由於與其他勢力（如康有爲的保皇會、革命黨等）結合，其目標轉爲南方立國。後來遭到張之洞的鎮壓而宣告失敗，史稱「庚子勤王」。〔註27〕在自立軍起事失敗後，清廷所偵查出來的自立軍名單中，就發現自立軍的內部成員中，許多都與湖南新政有聯繫。例如李炳寰「長於文學，翩翩記室才也。自立軍一切文檄多出其手。又爲自立軍中軍助理，亦稱幫辦」〔註28〕；李樹

〔註22〕〈蔡松坡先生年譜〉，收於劉達武（編），《蔡松坡先生遺集》（臺北：文星出版社，1962），5～6。

〔註23〕中國第一歷史檔案館（編），《光緒宣統兩朝上諭檔》（桂林，廣西師範大學出版社，1996），25冊，32。

〔註24〕〈光緒政要：湖南學政吳文宗樹梅不究既往批詞〉，《萬國公報》，第130卷（1899年11月），收於林樂知（主編），《萬國公報》，28冊，24b～25a（總頁18912～18913）。

〔註25〕鄒代鈞函（七十七），《汪康年師友書札》（三），2771。

〔註26〕張篁溪，〈自立會始末記〉云：「先是，湘人唐才常、林圭與嗣同有舊誼。聞嗣同冤死，頗思復仇，遂以革命實行家自任。……唐才常，瀏陽人。與譚嗣同、畢永年同佐湘撫陳寶箴，辦時務學堂，梁啓超任時務學堂教習。戊戌政變，譚嗣同死難，學堂亦被封。唐才常憤甚，思有以顚覆滿清。」見：張篁溪，〈自立會始末記〉，收於杜邁之、劉泱泱（編），《自立會史料集》（長沙：岳麓書社，1983），7。

〔註27〕關於庚子勤王一事及其對晚清政局之影響，可參看：桑兵，《庚子勤王與晚清政局》。

〔註28〕唐才質，〈自立會庚子革命記〉，收於杜邁之、劉泱泱（編），《自立會史料集》，80～81。

芳則「與黃忠浩、熊希齡等游處。旋習刑名，先後幕長沙按察使署，黃遵憲、李經羲皆禮爲上客。戊戌政變，遵憲、希齡譴去，樹芳以孤立，同幕忌其名，陰相構陷。庚子七月，唐才常漢口案發，竟坐樹芳與子炳寰謀叛，曲論殺之」〔註29〕；陳其殷爲「湖南時務學堂頭班學生，與李炳寰同學友善。自立會圖謀起義，雖未參加會務，而與會內同人，心心相印」〔註30〕；黎尙雯「與唐才常早年論學，甚相投契。丁酉戊戌期間長沙興辦新政，瀏陽創立學館及不纏足會種種設施，君皆有志參訂規畫。」〔註31〕因此，自立軍之起事，亦使得很多與湖南新政相關之人士受到牽連。陳寶箴就是其中一位。陳寶箴雖然被視爲后黨人馬。但是他與湖南新政牽連甚深，使得他受到一牽連。如陳寅恪云：「當戊戌時，湘人反對新政者，謠喙百端，謂先祖將起兵，以燒貢院爲號，自稱湘南王。寓南昌時，有人遺先君以劉伯溫《燒餅歌》鈔本一冊，以其中有『中有異人自楚歸』句，及『六一人不識，山水倒相逢』，暗藏『三立』二字語。」〔註32〕這些傳言，使清廷對陳寶箴起疑心。在戊戌政變後，清廷就曾下令嚴查曾參與保衛局事務的左孝同，徹查其「從前是否鑽附革撫陳寶箴，交結黃遵憲、梁啓超，有無主張民權，擅易冠服情事。」〔註33〕庚子勤王時，康有爲等人欲與陳寶箴聯合，陳三立亦曾加入以救回光緒帝爲目的的中國議會。〔註34〕在這種種因素之下，使得清廷密旨賜陳寶箴自盡。〔註35〕

庚子勤王中所參與的各種力量，其目的與動機都不盡相同，相互之間亦處於對立之局面。而他們都有意的誇大或借用湖南新政之成效，以作爲己身之政治資本。最明顯的例子就是康有爲。康有爲與宗方小次郎談及湖南士子對自立軍之支持時，就曾說：「南學會會員人數約一萬二千名，皆爲上流之士人，以前任湖南巡撫陳寶箴爲首領，徐仁鑄、黃遵憲等人爲領導，此會盡招

〔註29〕唐才質，〈自立會庚子革命記〉，收於杜邁之、劉泱泱（編），《自立會史料集》，85。

〔註30〕唐才質，〈自立會庚子革命記〉，收於杜邁之、劉泱泱（編），《自立會史料集》，87。

〔註31〕唐才質，〈自立會庚子革命記〉，收於杜邁之、劉泱泱（編），《自立會史料集》，90。

〔註32〕石泉（整理），〈寒柳堂記夢未定稿（補）〉，收於王永興（主編），《紀念陳寅恪先生百年誕辰學術論文集》（南昌：江西教育出版社，1994），34。

〔註33〕中國第一歷史檔案館（編），《光緒宣統兩朝上諭檔》，25冊，160。

〔註34〕見：桑兵，《庚子勤王與晚清政局》，106～154。

〔註35〕關於此事之研究，可參看：鄧小軍，〈陳寶箴之死考〉，收於中山大學歷史系（編），《陳寅恪與二十世紀中國學術》，531～552。

集湖南之勢力。」〔註36〕這基本上誇大南學會的影響力。在唐才常死後，康有爲又發表〈唐才常勤王辨〉一文，此文之主旨在於攻擊張之洞「曲媚那拉后，坐視皇上之廢，溥儁之立，甘爲賊黨，獎奸翼篡，以幽聖主而危中國。」同時，在此文中，康有爲亦大力表揚唐才常的氣節：

> 唐徵士才常，博學通才，冠絕三湘，爲《湘報》主筆，其文章奇偉駿屬，流布海內，洒涕以救中國，激昂以屬國民，天下皆知。已而舉經濟特科，譚京卿荐之於上，將大用之。未至而政變，既戴聖主之知遇，又哀良友之無辜，發憤捨身，思以救之。兩年以來，聯合豪俊，日夜爲勤王復辟之計。〔註37〕

有研究就已指出：康有爲與唐才常在庚子勤王時期的關係，存在著一定程度的矛盾。〔註38〕不過，康有爲通過這篇文章，表現出他有意利用唐才常個人的名聲，以作爲他的政治本錢。

　　唐才常的起事，對於清朝的統治造成一些衝擊。爲抗衡這股政治上的浪潮，清朝官員亦有回應。湖南巡撫俞廉三就委託葉德輝編成《覺迷要錄》一書，以駁斥康有爲、梁啓超等人之言論。葉德輝在敍中云：「康梁逆黨，竄身海外，所著《清議報》、《戊戌政變記》等逆書，僞造密詔，誣搆兩宮，閱者無不髮指眦裂。」他認爲康、梁等人興起的原因在於：

> 【士人】祗以康梁學術陷弱人心，當其煽亂朝野之時，廷臣、疆臣、搢紳、士林無不受其惑。而後生小子、儇薄少年，其被毒爲尤甚。所以然者，其根荄皆託於自強，而繼之以維新。中國爲西人輕侮久矣，忠義之士無所措手，於是一二寡學無識之樞臣，好名立異之疆吏，奉爲大師，以釀成今日之禍。〔註39〕

葉德輝認爲：康、梁等人的作爲對於湖南造成的不良影響，主要表現在士風之上。他認爲：「自梁逆主講時務學堂以來，士風敗壞陵夷，而有今日之變，斯亦學校之奇禍也。」而在自立軍事件中，「謀逆諸人，大都昔年學堂被逐之人及出洋學生之無歸者。」因此，爲今之計，「惟有將新、舊、順、逆四字，剖析明白，

〔註36〕對支功勞者傳記編纂會（編），《對支回顧錄》，下卷（東京：東亞同文會內對支功勞者傳記編纂會，1936），381。

〔註37〕上海市文物保管委員會（編），《康有爲與保皇會》（上海：上海人民出版社，1982），83。

〔註38〕桑兵，《庚子勤王與晚清政局》，130。

〔註39〕葉德輝，〈上俞中丞書〉，《覺迷要錄》，1b。

使士林咸曉然於逆黨之所爲，無所謂義，亦無所謂俠，則病根可以刬除，而後士習可返於純樸也。」爲使士人能重歸正途，故借用「世宗憲皇帝《大義覺迷錄》之旨」，將此書取名爲《覺迷要錄》。此書作於 1901 年，刊行於 1905 年，共分爲四編。〔註40〕卷一爲論旨，卷二爲湖南地方官員就自立軍事件中所作之奏摺，卷三爲反對康有爲言論並揭露其眞面目之文章，卷四爲逆蹟類，即收錄梁啓超等人之書信與湖南時務學堂之功課等。其目的在於讓讀者「知逆黨一切語言文字，皆不足以假託維新，藉名皇國。因此身膺顯戮，以快人心，則謂是編爲康梁逆案之定讞，不亦可乎。」〔註41〕從此書可以得見：所謂的「守舊」派人士，在面對新式報刊的興起時，自有他們的應對之法，並懂得從中取得有利於己方之論述，進而對於維新人士的言論有所回應。

　　《覺迷要錄》內所收之文章，對於康有爲、梁啓超等人自變法時之作爲都有嚴厲的批評。在此書中，就收有湖南時務學堂的課藝，每條都附有葉德輝所寫之批駁。從其批駁中，可以得知葉德輝對於梁啓超的看法。如梁啓超云「今日欲求變法，必自天子降尊始，不先變去拜跪之禮，上下仍習虛文，所以動爲外國訕笑也。」葉德輝則批駁「此言竟欲易中國拜跪之禮，爲西人鞠躬，居然請天子降尊，悖妄已極」〔註42〕；梁啓超云「議雖創於泰西，實吾五經諸子傳記，隨舉一義，多有其意者，惜君統太長，無人敢言耳。」葉德輝則批駁「『惜君統太長』五字，悖逆至此，殆欲人人造反，時時作亂，然後快於心與。」〔註43〕；梁啓超云「中國舊論，常以能言不能行責人，此最謬論，蓋有立言之人、有行事之人，各有所長，不能相非，必欲以責一人之身，萬無是理。」葉德輝則批駁「時務學堂之設，育人材也。能言而不能行，天下古今，安有此教人之法？果如此等謬論，則學堂之設，專爲若輩言者設矣。他日學僮成立，皆持梁啓超之說以教人，豈非誤盡天下蒼生耶。」至於康有爲方面，大都是批評康有爲的學術素養與品行。例如在〈徐可大紀逆犯康有爲緣起〉一批評康有爲有四大缺點爲「漁色，一也；圖富貴，二也；能

〔註40〕本文所引用《覺迷要錄》之版本爲光緒三十一年（1905）所刊行之版本（臺北中央研究院歷史語言研究所傅斯年圖書館藏），此版本另可見於：《四庫未收書輯刊》（北京：北京出版社，2000），第二輯，21 冊。臺北文海出版社所出版之版本，僅收入前二卷。

〔註41〕葉德輝（編），〈覺迷要錄敍〉，《覺迷要錄》，2a。

〔註42〕葉德輝（編），〈湖南時務學堂課藝總教習梁啓超批〉，《覺迷要錄》，卷四，26a～26b。

〔註43〕葉德輝（編），〈學堂日記梁批〉，《覺迷要錄》，卷四，30b。

為諂諛，三也；背道徇俗而以西學趨時，四也；至學問乖僻，議論狂誕，凡其所以惑世誣民者，皆足以喪身亡國者也。」〔註44〕葉德輝寄望通過此書，使得讀者能知曉康、梁之「真面目」，而不再為其學說所蒙蔽，亦使得康梁等人的政治行動失去其正當性。

《覺迷要錄》一書的體例，為仿傚雍正皇帝的《大義覺迷錄》一書而編成。但就其資料來源而言，亦反映出時代的影響。此書收入不少報刊的文章，如《申報》、《中外日報》、《大阪每日新聞報》等。由此可見，《覺迷要錄》雖然在編纂上仍然保持舊式出版品的作風，但在內容上，與當時所流行的報刊無大差別，有「舊瓶新酒」之感。〔註45〕因此，應以不一樣的眼光去看待《覺迷要錄》出版的意義與目的。

從戊戌政變到庚子勤王，對趨新士人的政治路線而言，是一個轉捩點。湖南士人對於新政路線的分岐，本與中央政治局面的變化無甚關聯。但是，由於政治局勢的變化，使清朝的政治正當性受到士人的質疑。因此，他們意圖通過體制外之手段，以達成己身之目的。曾參與湖南新政的人士，基於種種原因而站在不同的政治立場，有的走上對抗清廷的道路，有的則站在輔佐清廷的立場。他們通過報刊、書籍等媒介的中介與傳播，使得其主張得以為全國所認識。在雙方的政治宣傳中，都把「新、舊」視為一種政治語言。在維新人士的言論中，往往把新作為己方之形象。而站在對立面之一方，則反駁之。在這種論述之中，「維新、守舊」的形象已經漸漸成形。

不過，在外人看來，這種「維新、守舊」的兩分法，並非如當時人所看的如此井然有序。在他們的眼中，對於同一批人亦有不同之看法。而這種情況，在當時與中國甚為密切的日本人最為明顯。

第二節　日本人眼中之湖南新政

早在1873年時，已有日本官民進入湖南，視察當地之民情。〔註46〕甲午

〔註44〕葉德輝（編），〈徐可大紀逆犯康有為緣起〉，《覺迷要錄》，卷三，4b。
〔註45〕如李仁淵對於晚清知識份子與報刊之關係有所申論，惟其探討之對象只局限於新式報刊。可參見：李仁淵，《晚清的新式傳播媒體與知識份子：以報刊出版為中心的討論》（臺北：稻鄉出版社，2005）。事實上，其他種類之書籍亦有受到新式報刊之影響，如收錄新式報刊所刊載之文章，讓新式知識份子的思想主張得以為他人所認知。而《覺迷要錄》就是其中一個例子。
〔註46〕中村義，〈辛亥革命期間的湖南省與日本〉，收於《辛亥革命與近代中國：紀

戰爭後，日本勢力開始進入中國內地。在 1898 年起開始致力於長江航線的經營。〔註47〕由於湖南位居長江中游，有其重要的戰略位置，故爲日人所注意。而在變法思潮盛行之時，湖南新政亦受到日本人士的注目。對於湖南新政，日本人抱持何種之看法呢？日人對於湖南新政的認識，有兩種途徑。首先通過兩國人士之間的交往，推動湖南新政的主力，如黃遵憲、江標等與日本人士都有所來往；其次則是通過報刊等傳播媒體，從其報導中以理解湖南的情形。而中國士人亦能通過日本報刊，知曉外人對湖南新政之評價。

如在第二，三章所述，江標、黃遵憲等人早年都有日本經驗，與不少日本文人有所來往。而通過兩國士人之交流，得以令日人知曉中國以至湖南推行新政之情況。例如汪康年於 1898 年訪問日本，在接受日本記者訪問時，把《湘報》、《湘學新報》列爲當時中國最具影響力的報紙之一。〔註48〕日人通過報刊，得以使他們足不出戶，亦能從中得知湖南新政之狀況。而通過汪康年之關係，湖南士人亦能看到《日本人》等報。

在甲午戰爭後，日本人亦組成不少組織，以研究或解決中國問題爲目的。例如東亞同文會，就是以啓蒙中國人、匡救東亞之時局爲目的，並有意邀請康有爲、梁啓超等加入。〔註49〕除此之外，亦有不少成員與湖南新政的成員來往，以促進兩國之關係。例如漢學家西村天囚於 1897 年至 1898 年曾造訪中國，並與張之洞、江標等相交。西村與張之洞會面時，呈上〈聯交私議〉一文，並曾建言張之洞「然貴國楷梯於敵國，而取西學之長適切於我者，以棄舊補短，一新庶績，誠爲便法」，並認爲「故今日之急，在內聘敵國教官，外派貴國學生，其人愈多，則其功愈大。不朞年而風氣維新，不三年而禦侮稱雄，何難之有。」〔註50〕1898 年 1 月，日本參謀部派遣神尾光臣、梶川重太郎、宇都宮太郎三人到漢口，與譚嗣同、唐才常等見面，密商中日結盟。〔註51〕神尾就曾向譚嗣同獻計云：「振興中國，當以湖南爲起點，如聯盟

念辛亥革命八十周年國際學術研討會論文集》（北京：中華書局，1994），2 冊，1224～1225。

〔註47〕對支功勞者傳記編纂會（編），《對支回顧錄》，上卷，623～624。

〔註48〕〈支那新聞記者的支那報紙談〉，《大阪每日新聞》，1898 年 1 月 11 日，1 版。

〔註49〕對支功勞者傳記編纂會（編），《對支回顧錄》，上卷，680。

〔註50〕西村天囚，〈聯交私議〉，《碩園先生文集》，卷一，六丁；轉引自：陶德民，《明治の漢學者と中國：安繹・天囚・湖南の外交論策》（大阪：關西大學出版社，2007），82。

〔註51〕對支功勞者傳記編纂會（編），《對支回顧錄》，下卷，798。

成，吾當爲介於英，而鐵軌資焉，國債資焉，兵學資焉，一切政學資焉，吾
又當與英盡收亞東煤塊，斷絕各國輪船之用。」〔註52〕譚嗣同認爲日本對中
國變法是同情與支持的〔註53〕，而唐才常則主張完全接受神尾的意見。由此
可見：日本人對於中國的變法運動抱持高度興趣，並積極提出建言。另一方
面，中國士人與日本人士之間亦有相當密切之往來。

　　1898 年唐才常與江標等人參加在上海所籌辦的興亞會。〔註54〕此會被公
認爲中日民間人士聯合挽救危局並進而振興東亞的團體，興亞會中不少成
員，都是湖南維新派的中堅份子。興亞會雖然存在時間不長，但有助於趨新
士人整合，以推動清末的勤王運動。〔註55〕另外，由中國與日本人士在上海
創辦《東亞報》，招聘樊錐與畢永年爲主筆。〔註56〕可見兩者關係之密切。

　　爲了招攬士人參加興亞會，唐才常在《湘報》中就發表一篇名爲〈論興
亞義會〉的論說，以說明湖南何以要與日本結盟。在此文的論述之中，唐才
常引用當時日本報刊之記載，來說明當時湖南新政之成就：

> 才常又見日人新出一報，名其端曰《日本人》（以《日本人》三字名
> 報，甚奇），所言多中國事。其臚中國名大臣，則首督部張公、撫部
> 陳公，稱陳公振湘政，尤津津不一二談，又從而幟之曰湖南黨。自
> 餘則艷稱南海康工部門下諸君爲獅子吼，於是湖南之名重五洲，泰
> 西泰東則莫不引領望之，曰振支那者惟湖南，士民勃勃有生氣，而
> 可俠可仁者惟湖南。唐才常喟然而嘆曰：微日本言，吾幾忘吾湘人
> 之大有爲至於如此，吾幾忘吾湘人之受撫部賜與，一時抹世君子恢
> 復能力，以存種教之功，至於如此！〔註57〕

〔註52〕楊延福，《譚嗣同年譜》，109。

〔註53〕譚嗣同云：「鄙人頃在湖北，晤日本政府所遺官員三人，言中國唇齒相依，中
　　　　國若不能存，彼亦必亡，故甚悔從前之交戰，願與中國聯絡，救中國亦以自救
　　　　也；並聞湖南設立學會。甚是景仰・自強之基・當從此起矣。」見：譚嗣同，
　　　　〈譚復生觀察第一次講義〉，《湘報》，3 號，1898 年 3 月 9 日，10a（總頁 20）。

〔註54〕對支功勞者傳記編纂會（編），《對支回顧錄》，下卷，876～877。

〔註55〕桑兵，〈「興亞會」與戊戌庚子間的中日民間結盟〉，《近代史研究》，2006：3
　　　　（北京，2006 年 6 月），41～53。

〔註56〕〈日本聘請湘人主筆〉，《湘報》，66 號，1898 年 5 月 21 日，262b（總頁 578）：
　　　　「粵東富商在日本者，與該國士人集貲設立《東亞報》，專論中日時事。函託
　　　　時務學堂教習，在湘聘請主筆二人，赴日襄贊。現定議：公推丁酉拔貢畢君
　　　　永年、樊君錐前往，日內即須啓程云。」

〔註57〕唐才常，〈論興亞義會〉，《湘報》，65 號，1898 年 5 月 20 日，257a（總頁 565）。

由此可見，在當時日本的許多報刊中，亦刊載不少與湖南新政有關之記載。如仔細追查唐才常所看到的文章來源，則會發現該文是出自於政教社所辦的一份刊物《日本人》中。〔註58〕此文是《日本人》第63期刊載的一篇名爲〈支那朝野の眞相を說きて同國を改造するは日本人の責なる所以を論す〉〔註59〕的文章，爲佐藤宏所著。在此文中，把中國在野的主要力量分爲「安徽黨」與「湖南黨」。「安徽黨」以李鴻章爲首領，「湖南黨」則以張之洞爲首。佐藤宏認爲湖南派最有機會能使中國復興。而在此文中，把張之洞、陳寶箴、胡燏棻、文廷式、康有爲、童廻、安維峻、黃慶澄、黃紹第、鍾德祥、楊崇伊、易順鼎等「十八學士」，全歸類於張派。此報道對於張之洞稱讚有加，認爲他「現任湖廣總督又爲「湖南黨」之領袖，以復興支那、維持亞細亞的大局爲己任。」佐藤宏列舉幾個例子來証明他的觀點：

> 在前年日清戰爭之際，（張之洞）始終反對和議，在清軍連戰連敗之際，依然堅持背城一戰之主張。此與當日開港時我先輩的攘夷主張暗合，不然沒法使國人從長夜之昏睡中醒來，亦不足以使人心復活；而一旦媾和成功，東三省之地復歸清國，滿朝大臣主張與俄德簽訂同盟密約時，上疏力陳其害的也是此人。另外主張在戰後內地之經營方針，以蘆漢鐵路爲急務的，也是張之洞。〔註60〕

佐藤宏對於陳氏父子之評價亦不低，認爲陳寶箴「人有大志，以持張之洞復興支那爲己任」；至於陳三立則「通曉歐美事務，曉英文，聽說亦是能文有志之士，現於翰林院任職。」而康有爲則被視爲「張之洞之幕僚，戰後設立的有名的強學會，實爲康所主導。」〔註61〕從這篇報道中，可以看到日本人對

〔註58〕《日本人》於1888年4月3日創刊，其編輯群爲政教社之成員。關於政教社之研究，可參看：佐藤能丸，《明治ナショナリズムの研究：政教社の成立とその周辺》（東京：芙蓉書房，1998）。

〔註59〕佐藤宏，〈支那朝野の眞相を說きて同國を改造するは日本人の責なる所以を論す〉，《日本人》，63期（東京，1898年3月20日），18～28。本文所用之版本爲：《日本人（復刻版）》（東京：日本図書センター，1983～1984）。此文亦曾刊登於同年於上海出版的《東亞報》第一期（1898年6月29日），標題爲〈政治：湖南維新〉，並註明此篇譯自同年3月20日出版之《日本人》報（見：上海圖書館（編），《中國近代期刊篇目彙編》，1卷，934。）故推測此文應爲佐藤宏文章之摘譯。

〔註60〕佐藤宏，〈支那朝野の眞相を說きて同國を改造するは日本人の責なる所以を論す〉，《日本人》，63期，23～24。

〔註61〕佐藤宏，〈支那朝野の眞相を說きて同國を改造するは日本人の責なる所以を

於湖南相當重視，認為湖南士人在當時的中國之中，具有舉足輕重的地位，張之洞則是作為「湖南黨」的領導人，視為中國復興之希望。可見日本人對張之洞評價之高。

隨著戊戌政變的發生，日本人對於湖南新政的見解亦有不同。在戊戌政變後，在記述康、梁等人之事蹟時，往往把湖南新政之成就歸功於他們。〔註62〕而康有為等人逃到日本，並以日本為基地，發行《清議報》、《戊戌政變記》等書，並廣為流傳。〔註63〕通過這些書籍與報刊，康有為對於戊戌政變的經過亦有所說明，以提供對他們有利的解釋。梁啟超就曾向日本人分析戊戌政變之起因「約有四端：一曰帝與后之爭，二曰新與舊之爭，三曰滿與漢之爭，四曰英與露之爭。」〔註64〕梁啟超對於湖南之狀況，亦有所申說。如他云：

> 湖南向稱守舊，故凡洋人往游歷者動見殺害，而全省電信輪船皆不能行。自甲午之役以後，湖南學政以新學課士。於是風氣漸開，而譚嗣同同輩倡大於下，全省沾被，議論一變。聘梁啟超為湖南時務學堂總教習，與本省紳士譚嗣同、熊希齡等相應和，專以提倡實學，

論す〉，《日本人》，63期，23～25。據佐藤宏云：此段文字引用自福本日南於1897年11月下旬所發表的〈一道の光明〉。福本日南，即福本誠。其與康有為、孫中山、汪康年等有交往，對中國之情形有所了解。見：對支功勞者傳記編纂會（編），《對支回顧錄》，下卷，875～880。佐藤宏此文之內容，收入他所著之《支那時論》一書（東京：六興書店，1898，現藏於東京國立國會圖書館）中，惟部份內容與日本人中之版本不同，如仔細比對，應可看出佐藤對湖南黨之觀點有所轉變，注意到康有為等人與湖南黨人之不同，而稱其為粵黨。惟此種版本之比對，因受文章篇幅所限，只能留待另文探討之。

〔註62〕例如當時臺灣的報刊就有記載：「湖南撫臺陳寶箴亦奇其才，聘其掌教時務學堂，門生千餘；又倡南學會，聚者數千人，湖南風氣一時丕變。」見：〈梁生行略〉，《臺灣日日新報》，138號，明治31年10月16日，6版。

〔註63〕對於康有為等人在日的行蹤，日本政府早有所掌握。根據日本政府外務省的檔案表示：「由清國人康有為、梁啟超等人從橫濱居留地一百三十九號《清議報》館發行的《清議報》中精選並編纂成冊的《戊戌政變記》分卷一、二、三，共三部，專門論述清政治之得失，包括國體如何的討論。該書已於本月二十三日前後向歐美、香港、新加坡等清國人居留地發行。」見：神奈川縣知事淺田德則致外務大臣青木周藏子爵，〈關於清國人書籍出版一事的報告（明治32年5月26日）〉，收於章開沅、羅福惠、嚴昌洪（主編），《辛亥革命史資料新編》，6卷（武漢：湖北人民出版社，2006），21。

〔註64〕〈梁啟超、王照致日本外務大臣大隈〉，《日本外務省檔案》，轉引自：《戊戌變法文獻資料繫日》，1193～1196。

喚起士論，完成地方自治政體爲主義。〔註65〕

梁啓超的言論受到內藤湖南的注意，並在《萬朝報》中發表〈梁啓超が政變論を讀む〉一文。他在文中謂：當他讀畢此文後，「痛哭流淚，爲其中之熱情所感動，其議論亦甚爲恰當，能反映現狀。」〔註66〕可見日本人之觀點甚受梁啓超之言論影響。

與此同時，畢永年亦逃亡到日本，並把譚嗣同寫給他的信件，送至日本各報社刊登。譚嗣同之書信揭露不少戊戌政變的內幕，對於日本讀者有很大的影響。同時，亦令日本人了解政變前後的狀況。〔註67〕因此，對於戊戌變法的看法亦有不同。

在第三章中，引用一篇日本《東邦協會會報》的報導，本章再針對此文章作探討。此篇文章名爲〈支那朋黨分裂の概況〉，作於1899年，其中對於戊戌後中國的政治局勢作出分析。〔註68〕根據此文的分析：當時中國的朝野，可以分爲「守舊黨」（頑陋黨）、「漸進派」（兩端派）、「進取派」（新政派）三類。而這三類朝野人物，又各分爲八派。在其中的報道中，可以看到日本人對於張之洞的評價亦有不同。在這篇報道中，張之洞被視爲「漸進派」中的「製造派」。按照作者的說法：他認爲張之洞爲西方列強各國的外表所困惑，誤認列強富強之因，在於其工業興盛。因而認爲只要中國能日夜製器械、練軍隊，則必能振興中國之國勢，從而成爲列強之一。作者並以張之洞的《勸學篇》爲例，以說明張之洞爲首的滿朝官員，「其虛憍傲慢之氣與對機械崇拜之心互爲表裏」，因而忘記政治之眞正本源。他們把那些正視政治問題的人視爲空談，此阻撓了國家的進步。〔註69〕由於寫作此文時，戊戌政變已經發生。因此，作者對張之洞的看法，與佐藤宏的論點有很大的差異。

另外，此文亦對湖南「守舊派」的政治立場有所分析。在此文的分析中，湖南「守舊派」被歸類爲「漸進派」中的「修飾派」。此文對於「修飾派」有

〔註65〕梁啓超，〈戊戌政變記〉，收於中國史學會（編），《中國近代史資料叢刊・戊戌變法》，第三卷，300。

〔註66〕內藤湖南，〈梁啓超が政變論を讀む〉，《內藤湖南全集》（東京：筑摩書房，1970～1974），2卷，538～543。

〔註67〕藤谷浩悅，〈戊戌變法と畢永年：湖南維新派の思想と行動〉，《駒澤史學》，64期，76～77。

〔註68〕〈支那朋黨分裂の概況〉，《東邦協會會報》，61期（東京，1899年9月10日），45～63。

〔註69〕〈支那朋黨分裂の概況〉，《東邦協會會報》，61期，57～58。

以下的分析：

> 「修飾派」只知舊學，缺乏追求新學的動力之人。這些人害怕：一
> 旦新學興盛，民智日開，則他們沒法維持貪位戀權、欺瞞百姓之陋
> 習。因此，他們爲了維持這些宿習，因而假託維護倫理綱常的藉口
> 以攻擊新學新政，千方百計羅織罪名來排擠新學新政，以此來維護
> 自己的利益。這情形一如昔日羅馬教皇及其頑固之僧侶，以維護天
> 主教爲藉口打壓新教；又例如俄國東正教僧侶打壓國內的異教徒一
> 樣。他們歸咎於「民權」、「自由」等名詞均爲誤譯，因而引來禍亂。
> 因此，湖南湘陰地方的守舊派以此作爲藉口。不過，他們的德望已
> 不如二三年前，因他們貪位戀權之心已無法再掩飾下去了。〔註70〕

至於陳寶箴、黃遵憲等人，則被評爲「新政派」中的「實效派」。因其「奉行
知行合一主義，在施政上著重革新改善之實效。」〔註71〕至於康有爲、梁啟
超、譚嗣同等人，則被視爲「新政派」中的「理想派」。〔註72〕

　　此文後亦翻譯爲中文，刊登於澳門出版的《知新報》上，唯其內容較爲精
簡，省略對於各朝野人士立場之分析。〔註73〕而從原文之分析中，可以看到日
本人對於湖南士人之評價。在他們看來，湖南「守舊派」不通新學，爲己身之
利益而反對新政。陳寶箴、黃遵憲、譚嗣同等人雖被視爲「新政派」，然而他們
的特性各有不同。縱然站在同一陣線，亦不代表他們之主張全然相同。

　　戊戌政變後，唐才常、畢永年等人合謀策劃自立軍之起事，他們亦需要
外力之援助。因此，不少日本友人（如平山周、犬養毅）亦參與其中。畢永
年就曾寫信向犬養毅表示：

> 湘人素稱勇悍，仿佛貴邦薩摩，今回因西后淫虐已極，湘人激於義憤，
> 咸思一旦制其死命。僕遠在此間，不知湘中刻下已有舉動否？但昨飛
> 電急催，則情形可想，如已箭在弦上，不得不發，則將來各國干預時，
> 亦望貴國出而干預，則僕等自有成算，惟先生察之。〔註74〕

在此文中，可以看到湖南士人以中國之薩摩而自居。而這種比喻，在日後革

〔註70〕　〈支那朋黨分裂の概況〉，《東邦協會會報》，61 期，59。
〔註71〕　〈支那朋黨分裂の概況〉，《東邦協會會報》，61 期，60。
〔註72〕　〈支那朋黨分裂の概況〉，《東邦協會會報》，61 期，61。
〔註73〕　見：〈時論：支那朋黨論〉，《知新報》，102 冊，1899 年 10 月 15 日，15b～16b
　　　　（總頁 1491）。
〔註74〕　〈畢永年與犬養毅筆談〉，收於湯志鈞，《乘桴新獲：從戊戌到辛亥》，402。

命黨人的論述亦時常可以看到。

　　從《東邦協會會報》的報道亦可以看出：日本一些人士對於唐才常等人的作為抱持肯定之態度。更有人（如井上雅二等）更曾積極參與自立軍之運作，在他們的日記中亦有所記載。平山周亦在自立軍中擔當重要之角色。他曾協助唐才常籌備起事，並與畢永年策動湖南當地之哥老會共同起事。〔註75〕而在他參訪湖南時，對於當地有以下的觀察：

> 日本人近謂：湖南之風氣大開，已向於維新之氣運。據予所觀：湖南人士猶多頑固守舊之徒，其一時呈風氣大開之外觀者。當時之巡撫陳寶箴氏，首鼓吹革新之氣運。由於開學會、設學堂、起新報耳。今請稍述長沙之情形：南學會以講救濟支那於平和的之方法為宗旨，依於陳寶箴、黃遵憲、譚嗣同、熊希齡、唐才常等諸氏之首唱。其會員當時一千二百餘名，雖為甚盛；但今已與陳、黃、譚三氏之廢亡俱解體。今者不留其形影，且新巡撫俞氏到任以來，守舊黨首領王先謙、葉德輝之輩再擡頭，地暴橫無不至。新黨之士盡屏息，會員四散，杳焉無由知其消息。公法學會以研究國際法為目的，見創設者以畢永年氏唱，乃其人一去，此會亦顯解體之勢。時務學堂，梁啓超氏為教習。在堂之日，盛講新學，其生徒百二十餘名。北京政變之後，已改名求是書院，復課舊學，而文明日新之學盡廢，舊生徒悉去。今者，不過新生徒三十餘名矣。地圖公會係鄒代鈞氏所創設，如亞細亞北部，數年前既製出精密可驚地圖，今者亦唯存其名。《湘報》為南學會之機關發行，大鼓舞湖南之風氣。今者改題《滙報》，雖猶繼續刊行，但與前時之可益學問者，判與天淵，唯僅錄清廷所發之上諭耳。總而言之，湖南之風氣，今也寂寞無足觀者！噫！〔註76〕

此段文字，刻劃出一幅湖南趨新人士失勢、舊黨得志之圖像。不過，由於平山周與唐才常等人之關係密切，或有誇大之嫌。

　　不過，日本人並非全然對趨新人士抱持同情之態度。在自立軍事件後由官方所編成的《覺迷要錄》一書中，葉德輝就「入載日本深山虎太郎一書、《大阪每日新聞報》一則」，因其「尤為深切著明，不留餘地，斯誠直道之公矣。」

〔註75〕 東亞同文會內對支功勞者傳記編纂會（編），《續對支回顧錄》（東京：大日本教化圖書，1941～1942），1212～1214。

〔註76〕〈亞洲近事：湖南現狀〉，《知新報》，85 冊，1899 年 4 月 30 日，5b～7a（總頁 1212～1213）。

〔註 77〕在深山虎太郎〔註 78〕的文章中，對於康有爲的言論質疑，認爲「昔者在位，每上書言事，亦未嘗不循例稱皇太后、皇上；一旦去國，乃作惡聲，是樂毅之所羞也」；又批評康、梁等「刊行《清議報》，逞其危言崇論，夫天下事非口舌之所能爲，足下豈不知哉！假外人爲護符，鳴攻得天助之貴人以自快，何補於時局道路。」〔註 79〕葉德輝借用此文之觀點，批評「彼梁逆狂吠之報，竊名《清議》，不適足貽外人非笑哉。」〔註 80〕由此可見，一些日本人士不滿康梁於戊戌後之言行。而這些言論亦爲站在維新對立面的一方所利用，藉以加強己方論說之力道。由此亦可以看到：所謂「守舊」之士人，對於外來之思想資源亦非全然不察。

另一位日本人白岩龍平對於湖南之觀察，則與平山周截然不同。自戊戌政變後，由於要籌劃湖南輪船株式會社之關係，白岩龍平曾十多次前往湖南〔註 81〕，對於湖南之民風亦有許多觀察。同時他與湖南士紳交往，如他與葉德輝曾就學術問題，有書信上的往來；〔註 82〕而他在其事業上，亦得葉德輝之協助。葉德輝就曾協助白岩龍平，爲日清汽船株式會社在湖南設置分社而四出奔走。〔註 83〕白岩龍平與維新人士（如文廷式、汪康年等人）亦有密切的往來。在其日記中，就記述不少他與維新人士會面之記載。如他曾得唐才常贈與其所著《覺顚冥齋內言》一書。〔註 84〕可見他與湖南士紳交往之密切。因此，白岩龍平對於湖南新政的觀察，值得加以注意。

在白岩龍平的觀察中，湖南民風與明治維新前之日本相近，具有日本古武士之風。〔註 85〕因而，白岩認爲日本人得以振興湖南之風氣爲己任。〔註 86〕

〔註 77〕葉德輝（編），〈覺迷要錄敍〉，《覺迷要錄》，2a。

〔註 78〕此文原刊於《亞東時報》，5 期，1899 年 1 月 31 日，原標題爲〈雜錄：與康有爲書〉。

〔註 79〕深山虎太郎，〈深山虎太郎與康有爲書〉，《覺迷要錄》，卷 3，13a～13b。

〔註 80〕葉德輝（編），〈覺迷要錄敍〉，《覺迷要錄》，1b～2a。

〔註 81〕見：中村義，《白岩龍平日記：アジア主義實業家の生涯》（東京：研文出版社，1999），494～495。在當時的報刊上，亦有相關之記載，如《湖南官報》就有報道云「近日東西洋人來湘者其多，日前日本鐮學士細井岩彌君及淺野桂一君、白岩龍平君等，紛紛戾止。」〈湘中近事：浮湘訪勝〉，《湖南官報》，200 號，光緒壬寅年十月十一日。（見：姜亞沙（編），《清末官報滙編》，34 冊，41a（總頁 16827）。）

〔註 82〕見：〈與日本白岩龍平借印宋本書啓〉，《葉德輝集》，2 冊，122～123。

〔註 83〕此事可參見：松崎鶴雄，《柔父隨筆》，118～119。

〔註 84〕中村義，《白岩龍平日記：アジア主義實業家の生涯》，292。

〔註 85〕中村義，《白岩龍平日記：アジア主義實業家の生涯》，54。

他還大力讚賞湖南新政對於湖南當地的正面影響。在他看來，這些都建基於陳寶箴、張之洞等人之功勞。在他寫給東亞同文會會長近衛篤麿的信中，他列舉幾項建設，這些建設都是湖南新政所延續下來的：

電信：於三年前初秋架設完成，現時長沙市民都能使用，一天平均有二千餘件之多。

汽船：巡撫與湖北總督之間，自四年前就開始設置運送公文船二艘。而輪船會社剛剛開始運載客貨，現有兩湖輪船公司與開濟公司兩間，共有三艘蒸汽船。兩湖於二年前的夏天開辦，開濟則於去年夏天開辦，都由湘中商紳合資創辦，惟其營運尚未成熟。

鐵道與礦山：在由江西省萍鄉縣開始，經醴陵縣到湘潭縣的南淥口約二百里的範圍鋪設鐵路，其中五十里已能讓貨車通行。其以運送石炭爲目的，以供附近一帶的礦山開發使用。其產物從湘江輸出，由水路運送到漢口市場。這都由盛宣懷所籌畫，其資金約四百萬兩。

工業會社：有火柴會社一所，從事於製作以黃燐爲主要成分的火柴。亦有電燈公司，但因機械故障而宣告終止。〔註87〕

白岩龍平的觀察，提供一種不同於其他常見論述的視野。而從白岩龍平的觀察看來：湖南新政所建立的成果，並沒有因爲趨新人士的淡出而消失。而所謂的「守舊派」，並非拒絕與外界交流的頑固之士。所以，白岩龍平的見解，有助於打破「新舊之爭」的迷思。

日本人對於湖南新政的評價，往往因爲種種原因（如中國政局的變化、自身政治立場的差異等）而有所不一。不過，他們都相當肯定湖南新政之成就。而他們對於湖南新政的看法，亦通過報刊作媒介，爲中國士人所得知，這些評論，亦成爲當時朝野在進行政治宣傳時，所引用的思想資源之一。

隨著清末政局的演變，各方對於湖南新政的看法亦有不同。接下來，將介紹各方政治力量如何利用湖南新政中的思想資源，以作爲己方在政治宣傳上有利之工具。

〔註86〕關於白岩龍平的見解，可參見：中村義，〈「湖南の風氣開發は日本人の義務なり」——白岩龍平はいう〉，《中国——社会と文化》，4 號（1989），243～260。

〔註87〕〈湖南見聞一班〉，明治三十三年一月，《近衛篤麿日記》，3 冊，41～42。

第三節　清末言論界對湖南新政的評價

　　一些曾參與湖南新政的士紳，在自立軍事件以後重新在地方上活躍。例如鄒代鈞在故鄉興辦學堂〔註 88〕、皮錫瑞繼續在學術與地方文教上有所作為〔註 89〕、部份時務學堂的學生亦有機會，以官費名義出國留學。〔註 90〕這些士紳並沒有因為曾參與新政的關係，而受到不公平之對待。他們依然能夠在地方事務作出貢獻，在清末新政推行時提出貢獻。〔註 91〕

　　另外，陳寶箴、江標等人在湖南新政時的作為，亦成為清末新政的借鏡。隨著陳寶箴得到平反，各式報刊亦開始公開談論湖南新政的一些消息。當時論者經常談論湖南新政，有些希望能借鑑湖南新政的經驗，以作為推行新政的借鏡。在《皇朝新政文編》中，就收有一篇名為〈論湘省振興西學之速〉的文章。在此文中，讚揚陳寶箴與江標「慨念大局，丕引新慕」，使得湖南

〔註 88〕　〈湘中近聞：速成學堂〉，《湖南官報》，204 號，光緒壬寅年十月十五日：「新化縣候選知縣鄒代鈞等，分別官紳，辦理學堂，並改設速成學堂，稟請學務處，據詳立案。批云：據稟該縣辦理學堂，請分別官紳通行章程，原有此條，應准照章辦理所請：將該縣求實小學堂改為速成學堂，以處年齒稍長、有志向學之士，於學校源流，實能觀其會通，與新章並不相背，自可准行，至所稱提款，如有不足，酌量捐補，應就近稟縣，妥辦仰候，如稟。詳請撫憲立案，並札飭新化縣知縣可也。」（見：姜亞沙（編），《清末官報滙編》（北京：全國圖書館文獻縮微複制中心，2006），34 冊，57a（總頁 16835）。）

〔註 89〕　〈湘中近事：雅韻猶存〉，《湖南官報》，158 號，光緒二十八年八月二十八日：「善化皮鹿門主政，其品舉久為中外欽仰。自戊戌潛隱，追望靡從，茲從友人曾苣案頭，得其近作。」（見：《清末官報滙編》，33 冊，46b（總頁 16741）。）；〈本省近事：師範開學〉，《湖南官報》，304 號，光緒癸卯年二月初七日：「省垣師範館館長一人，總理教務監督一人，稽察功課各門教科，各分枚任之外，有提調有委員提調管攝館中一切事宜其請領公款每月報銷由學務委員經理茲已於昨初三日開學，所有各銜，名臚登於左：館長王先謙……倫理經學教習皮錫瑞」（見：姜亞沙（編），《清末官報滙編》，34 冊，20a（總頁 16997）。）

〔註 90〕　〈本省近事：游學抵東〉，《湖南官報》，336 號，光緒癸卯年三月初十日：「此次湘省派赴日本留學諸君，業於二月二十二夜，由上海乘博愛丸輪船東渡。項得梁君來緘，知已於二十四日抵長崎，二十七日過神戶，二十九日申刻安抵東京，湘中父老聞之，當亦為之一慰也。」，在學生名單中有「邵陽石醉六陶鈞」、「長沙楊葷生昌濟」等。（見：姜亞沙（編），《清末官報滙編》，34 冊，34a（總頁 17050）。）

〔註 91〕　關於清末新政在湖南的實施情況，可參看：曾田三郎，〈辛亥革命前の諸改革と湖南〉，收於橫山英（編），《中國の近代化と地方政治》（東京：勁草書房，1985），55～93。

一地之士風爲之一變，「兩年以來，成才日眾。昔之以守舊目之者，今悉以創開風氣稱之。」〔註92〕《皇朝新政文編》以《經世文編》的編纂方式而成書。以《經世文編》體裁收錄之文章，多在成書時代有其重要意義。可見湖南新政的成就廣爲當時人所公認。而報刊在談論江標等人的功過時，行文之中亦表達對於戊戌維新的觀感。如在《萬國公報》中一篇談論江標的文章中，論者就對於戊戌維新有以下之觀感：

> 嗚呼！天何禍我中國如是其酷耶！戊戌春夏間，新舊閧于野，滿漢爭于朝。而君莅湘三載，舊黨翕然，不聞有出而阻撓者，誠使早筦樞密，開誠調護。宵知八月之變，不消弭于無形乎？彼六人者，既罹慘禍，君又抑鬱以死。人之云亡，邦國殄瘁。悲夫！〔註93〕

由此可見，當時人對於戊戌政變的言論，並不如後人所想的避而不談，其言論亦相當開放。

以上所說的，都是一些能公開流通的刊物。不過，由革命黨人和立憲派所創辦的報刊，對於湖南新政及其相關人士則有不同的看法。與戊戌時期相比，這些報刊的言論更爲激烈，要從下而上的把官方的政治秩序打破。〔註94〕而在這些報刊中，湖南新政的相關人事就成他們對抗朝廷論述的思想資源。

在立憲派人士所創辦的報刊中，把譚嗣同等人描寫成一名憂國憂民，主張改革的士人。例如梁啓超在日本所創辦的《清議報》中，就連載譚嗣同的《仁學》。梁啓超刊載《仁學》一文的動機，在於表彰康有爲對譚嗣同的影響。因爲梁啓超認爲譚嗣同是爲了「光大南海之宗旨，會通世界聖哲之想法，以救全世界之眾生」而著作《仁學》。因此，梁啓超在《清議報》上曾刊登《仁學》的一部份內容。後來由於梁本身思想的變化以至康梁關係的變化，曾一度停刊。而在繼《清議報》後所創的《新民叢報》中，把部份內容以連載形式刊登。〔註95〕如此一來，譚嗣同的作品得以爲廣大讀者所閱讀，故其

〔註92〕佚名，〈論湘省振興西學之速〉，收於金匱闞鑄補齋主人（編），《皇朝新政文編》（臺北：文海出版社，1987），卷五，260～262。惟原文出處不詳，推斷其寫作時間應爲1897～1898年間。

〔註93〕不著撰人，〈江建霞京卿事實（並跋）〉，《萬國公報》，132卷，1900年1月，收於林樂知（主編），《萬國公報》，28冊，19021～19024。

〔註94〕李仁淵，《晚清的新式傳播媒體與知識份子：以報刊出版爲中心的討論》，154。

〔註95〕在介紹《仁學》的廣告中，是這樣介紹譚嗣同的：「著者在吾國政治界、學術界、思想界，皆爲開山擘石之原動力。」見：下河辺半五郎（編），《壬寅新

思想亦能爲讀者所了解。

　　另一方面，梁啓超亦在《清議報》上，以連載方式刊登譚嗣同之傳記。在譚嗣同之傳記中，梁啓超把譚嗣同塑造成一名烈士。例如他對於譚嗣同安然受死的行爲有以下的評價：「嗚呼！譚瀏陽其知之矣。當政變之初起也，有某國人勸以出走者，而瀏陽曰：『各國變法，未有不流血者。中國未有流血，請自譚嗣同始。』迄今誦其遺言，仰其高節，猶令人有怦怦欲死心。」〔註 96〕有論者就指出：梁啓超、康有爲等通過這種描述，以增強己方政治主張的正當性。〔註 97〕而從對譚嗣同的描寫中，他們成功刻劃出譚嗣同的烈士形象，而這種形象成爲他們聚集力量的工具。

　　而在自立軍失敗以後，唐才常等人殉難。爲紀念這些人之事蹟，故把其傳記於《清議報》進行一系列的連載。在唐才常之傳記中，作者讚揚唐才常對湖南新政之貢獻，認爲「陳公在湘興時務學堂，設保衛局，開南學會，靡不資其參議。論者多陳公之虛己下人，然亦君之才有以致之也。」他並慨嘆唐才常之死「慘矣冤矣，吁可哀已！然吾不哀佛塵【即唐才常】之死，而竊哀我皇上復辟之機，與吾中國維新之運，將自此絕也」，他認爲唐才常「獨忘身捨命，捐室棄家，奔走經營，糾合義旅，扼腕發憤，蹶然興起，爲萬有一當之舉。其事不遂，而其心固已灼然共見於世。」〔註 98〕此外，有人亦編纂〈瀏陽二傑集〉，「復綴其文之散著各報者，排比纂輯合爲一編」，「以期望我同胞之愛慕英雄者，其亦聞風奮起，勿讓二烈士之專義也。」〔註 99〕於是，通過對唐才常等人烈士形象的描述，以爲己方的政治行爲提供正當性。在歌頌唐才常的同時，對於張之洞則有所批判。例如在回應張之洞對康有爲等人的批評時，則以唐才常來作爲例子：

　　　　夫皇上之聖明變法，中外皆知，若使張之洞於戊戌早爲勤王，至今兩

　　　　年，新法已定，中國國勢日強，安有京師破覆，乘輿出狩之事，乃甘

　　　　民叢編彙編》（東京：編者自印，1905，東京國立國會圖書館藏），頁 852。
〔註 96〕梁啓超，〈譚嗣同傳〉，《清議報》，4 期，1899 年 1 月 22 日，4a～7b（總頁 205
　　　　～212）。
〔註 97〕吉澤誠一郎，《愛國主義の創成：ナショナリズムから近代中国をみる》（東
　　　　京：岩波書店，2003），159～162。
〔註 98〕後死人擬稿，〈來稿雜文：義士唐才常傳〉，《清議報》，58 期，1900 年 9 月 24
　　　　日，14a～15b（總頁 3771～3774）。
〔註 99〕傷心人稿，〈本館論說：瀏陽二傑集序〉，《清議報》，59 期，1900 年 10 月 4
　　　　日，4a～4b（總頁 3803～3804）。

心媚賊，忍害聖主，至有北變之慘，唐才常以一布衣而能激勵忠義，
號召萬眾，思以勤王救上，以救中國，其忠至矣。張之洞狼子野心，
背君媚賊，既欲永廢皇上，故必大挫帝黨，無如康有爲助皇上維新，
受皇上密詔，出亡海外，尚呼號求救，天下皆知。唐才常之爲勤王，
亦大眾共見，無可加罪，故謬加証捏，以飾己罪。〔註100〕

在這段文字中，把張之洞塑造爲一名奸臣，而唐才常則成爲一名忠於大清的
忠良士人。而康有爲則和唐才常一樣，矢志協助清朝維新變法，至死不渝。
受到這些言論的影響，有不少人都矢志效法唐才常與譚嗣同，以爲譚、唐二
人復仇爲己任。在立憲派人士所主持的《清議報》中，就有不少言論。有人
就寫詩稱讚譚、唐二人的行爲：

瀏陽兩英雄，譚公與唐公。

春秋演學大同說，刎頸論交先哲風。

慷慨救國爲己任，高歌擊節氣如虹。

譚君戊戌燕市血，亞澳美歐仰忠烈。

草檄勤王唐丈夫，誓擒虎子入虎穴。

文章俠義世驚絕，罵賊疾聲目眥裂。

魂魄毅兮爲鬼雄，國民千載頌二傑。〔註101〕

在很多年青士人的心目中，張之洞是要爲唐才常之死負起責任的。例如有一
首作者署名爲「埃仁伯」的詩作，在其前言中云：「夜夢唐俠等告余，曰：阻
中國文明進步、媚逆賊仇帝黨者，張之洞也。吾必殺之，以復此仇！」〔註102〕
有一些人受到唐才常、譚嗣同等人事蹟的影響，而走上革命的道路。如黃興
仰慕唐才常、譚嗣同之爲人，故於日本留學期間組織華興會，以革命爲己任。
〔註103〕黃興的例子，反映唐、譚二人烈士形象塑造之成功。

〔註100〕光緒帝黨人來稿，〈來稿雜文：駁后黨逆賊張之洞于陰霖証捏僞示〉，《清議
　　　　報》，66 期，1900 年 12 月 12 日，14a～20a（總頁 4265～4277）。

〔註101〕毋蝦，〈詩文辭隨錄：瀏陽二傑行〉，《清議報》，72 期，1901 年 3 月 11 日，
　　　　無頁碼（總頁 4660）。

〔註102〕〈文辭隨錄〉，《清議報》，66 期，1900 年 12 月 12 日，無頁碼（總頁 4288）。

〔註103〕李劍農，《戊戌以後三十年中國政治史》（北京：中華書局，1980），53。

圖4-1：《新民叢報》所刊登之譚嗣同照片

為民流血先陽瀏譚嗣同

圖畫：為民流血譚瀏陽先生嗣同
《新民叢報》，第25期（明治三十六年二月十一日）

　　至於革命黨人所主持的傳播媒體。他們要與立憲派在言論戰場上相互爭戰，以為自己的政治立場爭取支持。在這些報刊中，有不少為湖南留日學生所創辦。例如《游學譯編》即為樊錐等所創辦。〔註104〕而他們對於湖南新政的歷史書寫，與康梁等人有不同的說法，茲列舉沈藎為例子。

　　沈藎，字克誠，江蘇吳縣人。先祖遷居湖南，故其亦定居湖南。戊戌時期與唐才常、譚嗣同等人交往，曾參加自立軍起事。自立軍失敗以後，潛遁北京。後為清廷所緝拿，處以死刑。〔註105〕對於湖南維新運動，在章士釗所寫的〈沈藎〉一文中，則有以下之看法：

　　　　湖南新舊黨之爭訟，至戊戌間而已極。譚嗣同唐才常之流，初欲以

　　　　文字改良社會，規模初立，而王先謙、孔憲教諸劣徒，大肆排沮，

而湖南之局敗裂，此蓋實親見之。蓋蓋素不喜善文字，其持破壞主
義出於性成。當戊戌之前一歲，蓋居鄂，因嗣同以策干譚繼洵，不
能用，去而之湘。戊戌春夏之交，湘中治績之表面，非無可觀，自
蓋視之，則以爲顢頇而無用。〔註106〕

沈蓋對於譚嗣同與唐才常二人，則有以下之比較：

北方之譚嗣同，南方之唐才常，領袖戊戌、庚子兩大役，此人所共
知也。以二人之才智，何者不可以鑿殘其方域，徒以軮於康梁之下，
所志未達，而卒以身殉。雖成敗之數，不必由人，而其蹤迹之騰載
於某報者，僅足以供人發揮宗旨之用。觀嗣同之《仁學》，較才常之
《覺顛冥齋內言》，已爲激進，而豈料其成就之止於是哉。才常慕西
鄉隆盛之爲人，志趣夙定，而以其先懷有和平變法之夢想，欲以誘
致天下，故文章與事實不能胊合。〔註107〕

在此文中，把湖南士人的論爭視爲新舊黨之間的紛爭。在沈蓋看來，湖南新
政「顢頇而無用」；他又惋惜譚嗣同與唐才常二人爲康梁等所利用，以他們之
死來爲己方爭取政治上的本錢。

在革命黨人所主持的報刊中，不少文章亦能表現他們對於譚、唐二人的
看法。例如在小說〈新中國傳奇〉中，借用譚嗣同的鬼魂作爲其中一個角色。
此角色自稱「託生文明古國，耽研哲理諸科，旁通大乘之經，又學萬人之敵」，
並對於自己的出身有如此之申說：

老夫憂患餘生，身同山簡，一腔熱血，哭我同胞，念及泰東西各國，
種自由之樹，揚獨立之旗，皆由流血而成，遂不惜以大好頭顱，作
自由獨立的代價。但得繼軌，不乏同調，可廣缺彼菜市之刀，再接
再屬，叢彼蒿街之葬，亦步亦趨。那時獨夫民賊，知人心不死，還
我自由。老夫滿肚皮渴望熱腸，這也算遂心願意了。〔註108〕

通過詩歌的形式，把作者所要寄託的主張讓讀者知曉。通過這些方式，譚嗣

〔註106〕黃中黃，〈沈蓋〉，收於中國史學會（編），《中國近代史資料叢刊：辛亥革命》，
第1冊（上海：人民出版社，2000），287。

〔註107〕黃中黃，〈沈蓋〉，收於中國史學會（編），《中國近代史資料叢刊：辛亥革命》，
1冊，288。

〔註108〕〈小說：新中國傳奇〉，《江蘇》，4期，收於羅家倫（主編），《江蘇》臺北：
中國民黨中央委員會黨史史料編纂委員會，1983），93～97（總頁 707～
711）。

同的事蹟與形象，實已深入人心。

革命黨人對於湖南的新舊之爭，亦建立出自己的一套說詞。例如湖南留日學生、同盟會會員陳家鼎，在 1906 年於日本東京所出版的《洞庭波》〔註 109〕第一期中，以「鐵郎」爲筆名所發表的〈二十世紀之湖南〉〔註 110〕一文中，就對於自太平天國以來湖南人的歷史有所述說。而他對於湖南新政時期士人之間的論爭，亦有他的看法。在他看來，兩派都有值得批評之處。他批批評康有爲、梁啓超等具有「保皇性之愚謬」。他們「掇拾各國數部維新史、變政記，以作一己進身之介紹書，喚虜醜以文章，悚盛名以危語，而滿廷乃稍稍動矣。」而湘人「亦即于功名，窺梁之不日大用，可引爲薦己之媒介也」。因而，「尊之以湖南時務學堂一席，而以爲奇貨可居。」〔註 111〕

而梁啓超得到總教習一職後，「自以爲吾道南矣，此席即驅使湘人流血，成我功名之地也。」故「日召南學會同人開門講學，聽其言論則約太后胡不死，皇上惜無權也。叩其宗旨則約天子事事可堯舜，學生人人皆曾胡也，年少無根柢之迷途，其學風謬種流傳，不可究詰。」陳家鼎接著指出：「戊戌庚子兩變湘人士爲多，而湖南遂爲立憲之原動力焉。『可恨年年壓金錢，爲他人做嫁衣裳』此君子所以爲受人愚弄之譚唐惜也，是故今日立憲之禍，首唱者廣東人之鬼，附和者湖南人之也。」而造成此局面的主要原因，在於「湖南時務學堂者，梁氏功名之發軔地也；南學會者，保皇黨同志之總機關也。湖南斷不能有保皇黨也，無保皇黨，斷不能有立憲派也。去歲湘人開悼譚唐，會於東京，各省多反對之者，夫亦見今日立憲之禍，湖南人有不能逃其究者歟。」〔註 112〕由此可見，時人認爲立憲與革命之爭，實與湖南新政大有關連。

至於王先謙等人，陳家鼎則對他們的作爲有以下之批評：

〔註 109〕關於《洞庭波》之介紹，可參看：中國社會科學院近代史研究所文化史研究室（主編），《辛亥革命時期期刊介紹》（北京：人民出版社，1982），1 集，542～548。

〔註 110〕鐵郎，〈二十世紀之湖南〉，《洞庭波》，1 期，收於羅家倫（主編），《二十世紀之支那、洞庭波、漢幟（合訂本）》（臺北：中國民黨中央委員會黨史史料編纂委員會，1968），135～155。

〔註 111〕鐵郎，〈二十世紀之湖南〉，《洞庭波》，1 期，收於羅家倫（主編），《二十世紀之支那、洞庭波、漢幟（合訂本）》，141。

〔註 112〕鐵郎，〈二十世紀之湖南〉，《洞庭波》，1 期，收於羅家倫（主編），《二十世紀之支那、洞庭波、漢幟（合訂本）》，141～142。

王先謙者，湖南優界之管理員也。而孔憲教、葉德輝等，受其驅使，互相朋比，以斥新學、排政黨爲能事。湘中巡撫學使來者，非其門下即其朋舊，其盤踞長沙也，不啻爲鄂中設一通信所（張之洞素契王，良【梁】鼎芬則王之門人也。）〔註113〕

接著，陳家鼎就控訴王先謙等士紳對於革命黨人的打壓。他認爲王先謙等人「學界附之者亦眾」，借王爲規避風潮，傾擠異己之用，直至禹獄成立，而王黨之禍亦烈。即湖南守舊黨之氣亦愈張矣。」他並且批評周漢、王闓運「一意固閉」，謂：

【王】闓運主船山講習于衡州，自命正學，斥近世排滿之說，東吳督撫倒屣以迎，而不知船山當日學派，乃湖南排滿之元祖也。周漢戒家人不用洋貨，勸世人不讀外國書，自以爲周公孔子之徒，遂令湘中婦孺皆迷信其言，爲新學一大阻力。而不知周公指南乃西學之先河，孔子王魯爲革命之上手也。〔註114〕

不過，他認爲此二人「與王、葉之明知新政，有意故爲傾覆之，以快其黨見之私者不同也。然立於現今世界猶不知通，猶不知變日鼓其舊說，以爲風氣之障魔，亦可謂地球上第一守舊家矣。」〔註115〕而在以下的一段文字中，可以看到他對「守舊派」之反感：

近來竭清廷諭改之力，日英脅迫之威，趙撫張枲行毅之苦意，僅乃改革而廓清之，亦足見湘人頑悍之力大矣。綜覽湘人之性格風俗固執，似日本之蝦夷，而野蠻過之，紳黨橫蠻，似墺國之梅特涅，而老朽則過之，士人保守，似台灣內山之生番，南洋群島之棕色人，而覥黷惡劣則過之，世界公例不競爭則不生存，無改良則無進步，于是湖南守舊之惡果分兩部出矣，一本省受其影響，故革商樹幟南洋日美，湖南不佔一塵也，留學西洋者日多，湖南曾幾人也，下江科學日益戰爭，湖南學問猶幼稺也，各省日出大吏，湖南現有四督撫且盡，以一年削歸也。一外省受其影響，王之春則以腐敗名粵西，

〔註113〕鐵郎，〈二十世紀之湖南〉，《洞庭波》，1 期，收於羅家倫（主編），《二十世紀之支那、洞庭波、漢幟（合訂本）》，142。

〔註114〕鐵郎，〈二十世紀之湖南〉，《洞庭波》，1 期，收於羅家倫（主編），《二十世紀之支那、洞庭波、漢幟（合訂本）》，142。

〔註115〕鐵郎，〈二十世紀之湖南〉，《洞庭波》，1 期，收於羅家倫（主編），《二十世紀之支那、洞庭波、漢幟（合訂本）》，142～143。

譚鍾麟則以廢弛稱兩廣，黃均能則以舊學誤江西，劉坤一之坐斬兩
江思想者，前後垂二十年，瞿鴻磯【機】阻新政于中央者，毒且流
遍海內。各省之恨湘人者，非此守舊之害哉。日本和學家所守四千
年一統之國粹也，攘夷禦外之大義也，故日本之維新成于守舊，湖
南頑固黨所守，守滿廷之辮髮也、左袵也，守舊黨之衣食主義也。
而吾與于漢明之國徽，三代之古制也，故湖南之學派患在無真守舊
黨。而故託守舊黨以營其私也。〔註116〕

陳家鼎的看法，代表了湖南年青士人對於湖南新政的主流看法。至於經歷湖
南新政的士人，亦提出自己的看法。在前時務學堂學生楊毓麟（楊篤生）所
寫的《新湖南》中，對於王先謙等人有以下的批評：

戊戌以前，天下無所謂新舊黨之名，有之，自牝朝亂政，掀翻前局
始。戊戌以前，湖南亦無所謂新舊黨之名；有之，自劣紳爭權、學
堂交哄始。為禍首者，實為王先謙、葉德輝。交訌互訟，見於《翼
教叢編》及《湘報》中者，海內人士皆耳而目之。王、葉二氏之無
行，此吾湖南人之所共知也，葵園之行樂圖，葉麻之小品傳，其所
描繪，尚末及十分之一。王氏好利而忘在得之戒，葉氏好名而有行
之材，皆欲挾其經義史事、詞章考據之陋學，以矜式來者，而以爭
名奪利之餘力，軼而出於倡優賭博之間，在孔門為無忌憚之小人，
在滿政府亦為不守法之刁奴劣僕。〔註117〕

因此，楊氏自言：「故如二氏者，吾決不屑與言，然為湖南大局計，尚不得
不涕泣而與之一言，冀萬有天良發現之一日。夫二人之所爭者，個人之私權
私利也。爭個人之私權私利，而遂至犧牲湖南人之公權公利以從之，二人者
固自為得計矣。」〔註118〕在楊毓麟看來，王先謙、葉德輝等人為無行之人，
把個人利益置於湖南人利益之上。所以，新舊之爭，實基於其爭權奪利之心
態。

在《警鐘日報》的一篇有關學堂學生報導中，開宗明義即說「頑固黨以排

〔註116〕鐵郎，〈二十世紀之湖南〉，《洞庭波》，1 期，收於羅家倫（主編），《二十世
紀之支那、洞庭波、漢幟（合訂本）》，143～144。
〔註117〕湖南之湖南人（楊篤生），〈新湖南〉，收於饒懷民（編），《楊毓麟集》（長沙：
岳麓書社，2001），48。
〔註118〕湖南之湖南人（楊篤生），〈新湖南〉，收於饒懷民（編），《楊毓麟集》（長沙：
岳麓書社，2001），48。

擠新學，傾陷志士爲目的，戊戌、庚子之變，皆彼黨構成之。」〔註119〕他們把
時務學堂視爲湖南學堂之始祖：

> 丁酉義寧陳寶箴撫湖南，元和江標督湖南學，嘉應黃遵憲爲臬司，
> 相與銳意舉新政。其發起最早者，則爲時務學堂。時務學堂開學於
> 丁酉十月，新會梁啓超爲教習，輔教則歐榘甲、韓文舉、唐才常之
> 徒也，西文教習爲李維格，而紳士維持之最得力，則鳳凰熊希齡。
> 餘則譚嗣同、蔣德鈞，皆卓卓有爲。時梁氏方昌言保國，雖其學課
> 時時羼入康有爲之私說，而其學堂之有精神，則爲近今所僅見。學
> 生之成立者，則漢口死事之李炳寰、田邦璿、林圭，湖南死事之蔡
> 鍾浩、唐才中皆是。湖南之維新至戊戌三四月間而極盛，而諸頑固
> 之出而傾軋，全體新政之敗壞亦始於是時。不待八月政變，而時務
> 學堂已大顯其觥觥不安之象。當義寧去職之前一月，大選時務之高
> 材五十人送東洋，待發而朝旨已變，五十人者皆星散。時梁氏早去，
> 熊氏之流皆革職，而俞廉三組織一切，倚王先謙、孔憲教爲聲援。
> 而時務學堂墮地，遂有求實書院之易名矣。〔註120〕

由此可見，革命黨人亦把湖南新政作爲己方政治行動的源頭。在他們的論述
中，時務學堂是他們精神上可供倚仗的基石。在這基石上，革命黨人繼續湖
南士人的未竟之功。他們所面對的敵人，跟譚嗣同等人所面對的都是一樣的，
即王先謙這些忠清士紳。因此，革命黨人在報道中，對其批評多爲負面，如
王先謙「奸險狠鷙，握湘省用人，行政全權，厚養死士，其心叵測，人稱爲
土皇帝」；而孔憲教葉德輝等人則「頑錮謬悖，與王先謙一鼻孔出氣」〔註121〕
這些革命刊物在學堂上廣爲流傳，造成學堂學生對學堂職員與清廷官吏的反
感。〔註122〕面對革命黨人的言論攻勢，以鼓動學生的仇清情緒，王先謙有以
下的感慨：

> 若敝省風氣，實爲各省所無，學生動輒具稟監督、教習，任情誣控，

〔註119〕〈地方新聞：新劣黨爭執之一班〉，《警鐘日報》，1905 年 1 月 15 日，收於羅
　　　　家倫（主編），《警鐘日報》，5 冊，3022。
〔註120〕〈學風：湖南學界之風雲〉，《國民日日報彙編》，第 2 集，收於羅家倫（主編），
　　　　《國民日日報彙編》（臺北：中國民黨中央委員會黨史史料編纂委員會，
　　　　1968），494～495。
〔註121〕〈附錄：湖南頑錮黨之批評表〉，《警鐘日報》，1905 年 1 月 15 日，收於羅家
　　　　倫（主編），《警鐘日報》，5 冊，3025。
〔註122〕桑兵，《晚清學堂學生與社會變遷》（臺北：稻鄉出版社，1991），396～407。

而官長爲之調停其間，監督、教習多顧體面，不撤亦辭。或將學生
開去數人，則有民立學堂收之。省城諸堂聯爲一氣，動以全散爲脅
制之計。官長愛惜聲名，懼其登報，率皆優容敷衍，循是不改，唐
才常之禍必且再見。〔註123〕

由王先謙的一番言論，可以得知革命黨人在言論戰場上佔優。爲了應付革命、
立憲兩派在言論上的論戰，官方亦不得不加以回應。官方所採取的策略，亦
是運用湖南新政中的論述作爲回應。而《翼教叢編》等書就作爲對革命、立
憲兩派的回響。《翼教叢編》就曾一再重新整理出版〔註124〕，作爲反制康梁等
人言論的工具。有人對此書大加讚賞，認爲葉德輝「功不在孟子下。」〔註125〕
可見葉德輝等人在後人眼中視爲守舊。但在當時的歷史時空中，葉德輝等人
的作爲符合清朝的政治標準與價值觀。

　　而在清末興辦的新式學堂中，《勸學篇》等書就作爲清末學堂學生的必讀
之書。由於梁鼎芬被革命黨人視爲眼中釘。因此，時人往往把《翼教叢編》
的作者誤認爲梁鼎芬。當時有人記載：「兩湖總督張之洞想入非非，既作《勸
學篇》、《學堂歌》，以教忠勸士，猶未能已，復命武昌知府梁鼎芬撰《翼教叢
編》，力申君臣大義，視滿清爲不可侵犯之神聖。」〔註126〕。可見《翼教叢編》
等書在當時人看來，實具有捍衛清朝統治正當性的作用。

小結

　　本章意圖通過時人之觀察、日本人之觀感、清末的報刊等三方面，以建
構出湖南新政的評價。而討論湖南新政的評價時，必須一併把戊戌變法的評
價加以考量。戊戌政變的發生與隨後的自立軍起事，使得曾參與湖南新政的
人士退縮。但在清末新政時，這些人依然活躍於地方事務，並沒有因爲曾參
加湖南新政而受牽連。

　　而在日本人來說，他們在看待中國的維新運動時，因爲立場與動機不同，
所作出的判斷亦有所不同。不過，從他們的字裏行間，對於湖南新政抱持肯

〔註123〕王先謙函（五十五），收於顧廷龍（校閱），《藝風堂友朋書札》，上冊，37。
〔註124〕〈導言〉，蔣秋華（編），楊菁（點校），《翼教叢編》，5～7。
〔註125〕失名，〈葉郋園事略〉，收於汪兆鏞（輯），《碑傳集三編》，41 卷（臺北：文
　　　　海出版社，1980），2208～2209。
〔註126〕張難先，〈湖北革命知之錄〉，收於嚴昌洪等（編），《張難先文集》（武漢：華
　　　　中師範大學出版社，2005），57。

定的態度。他們對於湖南士人政治立場的觀察，亦能保持客觀之態度。在他們眼中，湖南新舊之爭中的「守舊派」，在政治立場並不是全然守舊。他們反對新政路線之方向，亦有不同之動機。在他們對於湖南的持續觀察中，亦可看到湖南新政在新舊之爭後，其成果並沒有隨之而消失。

　　隨著政治局面的演變，時人對於湖南新政的看法亦不盡相同。無論是維新人士、革命分子、官方等，都想從湖南新政這一段歷史中拿取思想資源，以作為己方在進行政治論述時的素材。立憲派和革命黨通過報刊，書籍等媒介，向外界訴說湖南新政中的種種事蹟，作為己方之政治資本。而在官方而言，他們亦運用湖南新政中的種種人與事，一方面作為新政的思想資源，另一方面則運用《翼教叢編》等書，以抗衡革命，立憲兩派人士之言論。在這言論戰場之下，不少士人通過報刊，得以知曉湖南新政之事蹟。例如朱峙三通過種種管道，得以閱讀各種革命書籍，而其中有不少記載湖南新政之事蹟：

> 今日課畢，閱報載督署告示。大意謂，准軍機處函開，近聞南中各省書坊報館有寄售悖逆各書，如《支那革命運動》、《新廣東》、《浙江潮》、《併吞中國策》、《革命軍》、《新湖南》、《中國魂》、《二十世紀之怪物帝國主義》、《新民叢報》、《瀏陽二傑論》、《廣長舌》（尚有七八種未錄）等書，駭人聽聞，喪心病狂，殊堪痛恨。……仰各書坊、報館及諸邑人等知悉，自示之後如敢故違，定即飭捉嚴辦。其學堂諸生及士民人等，務各束身自愛，不得購閱云云。其實以上十二種予前年即已閱過，《民報》、《天討》、《太平天國戰史》，則入兩湖以後初閱者也。吾料以後禁令一出，私購者尤多，學生好奇，愈禁而愈買也。〔註127〕

在朱峙三所提到的這些書籍中，其中《支那革命運動》、《新民叢報》、《瀏陽二傑論》等書都記載了湖南新政的相關描述。而年青學生通過對這些書籍的閱讀，得以使他們形成反抗清朝的意識。而湖南新政就成為其中的思想資源之一。通過這些論述，雙方都形成一個救國自強的系譜，使得其政治主張更易為讀者所接受，從而壯大己方的政治力量。因此雙方不得不爭取詮釋權，在《臺灣日日新報》的這篇報道，對這種情況有以下的分析：

〔註127〕《朱峙三日記》，清光緒三十四年九月十一日條，收於辛亥革命研究會、武昌辛亥革命研究中心（編），《辛亥革命史叢刊》，12 輯（武漢：湖北人民出版社，2005），189。

譚嗣同爲戊戌六才士之最，雖以謀邊西后，獲罪至死，於光緒則未
始不忠也。何以所著《仁學》一書，於滿人入關至是，如何魚肉漢
族，如何奴役漢族，歷數其罪，殆比祖龍尤有甚焉。今人一讀之下，
熱血盆湧，欲不排滿而不得，遂使蜀人鄒容，得緣飾之以爲革命先
鋒，謂滿人不可與也，則不宜參與其新政。謂可也，何苦尤莠言以
亂政，何其矛盾至是耶？抑或革命本其初心，其就官或別有所圖耶？
或則曰其書出版，乃在譚死後，恐即革命黨僞託之者，未稔然否？
漢口之亂，唐才常爲勤王不成而死，輿論惜之。近讀章炳麟氏所著，
則唐亦革命也。惟美其詞曰革命耳。歷抉其隱謀，皆確鑿可据，惜
其文甚長，不能備載。然所謂戊戌變政主動者，康南海，不嘗籌畫
於其間乎？豈康亦承認其革命乎？個中消息，尤匪夷所思矣。抑章
氏故以此誣唐而誣康也耶。〔註128〕

這篇作者所提出的觀點，正好反映出革命與立憲兩派爭奪歷史解釋權的情
況。而這恰好和 Keith Baker 在研究法國大革命前夕的革命黨人報刊所指出：
如果報刊作爲一種政治空間的媒介，通過這個空間，法國大革命成爲可想像
的。〔註129〕而革命派和立憲派，亦通過公眾輿論，以實現自我的政治目的。
湖南新政成爲他們可以使用的思想資源。在這些思想資源的支援下，成功爲
己方的政治行動取得正當性。立憲派人士通過其與湖南新政的連結，強化其
在政治上的號召力；而革命黨人通過種種歌頌湖南新政的文章，而使得他們
的革命行動成爲可能。

　　而湖南新政的一些人物，如譚嗣同就成爲他們所歌頌的對象，並成爲一
位爲國捐軀的烈士。例如在辛亥革命以後，湖南軍政府爲譚嗣同：唐才常等
人立祠。以表揚其對革命之貢獻〔註130〕與此同時，站在湖南維新派對立面的

〔註128〕逸，〈革命之半面相〉，《臺灣日日新報》，2758 號，明治 40 年 7 月 14 日，4
　　　　版。

〔註129〕Keith Baker, *Inventing the French Revolution：essays on French political culture
　　　　in the eighteenth century*（Cambridge, New York：Cambridge University Press,
　　　　1994）,p.198～199.

〔註130〕〈內外要電：議設瀏陽二傑專祠〉，《臺灣日日新報》，4213 號，明治 45 年 2
　　　　月 21 日，4 版：「湘都督以瀏陽譚嗣同、唐才常兩烈士，首先起義，殺身成
　　　　仁。當此共和政府成立，亟應彰明先烈，爰議就省城，設立專祠。」；〈地方
　　　　要聞：湘水魚鱗片片〉，《時報》，2744 號，1912 年 2 月 1 日，三～四版。
　　　　另可參見：〈地方要聞：湘水魚鱗片片〉，《時報》，2744 號，1912 年 2 月 1 日，

一方，則予以負面的評價。在立憲派看來，這些人阻礙了中國實施維新的可能。在革命黨看來，他們繼承了湖南維新人士的位置，站在與守舊派對立的一方。無論是革命黨人與立憲黨人，都把這些人視爲頑固守舊、拒絕接受維新變法，因而貼上守舊派之標籤。

通過這些論述，作爲革命黨或立憲派擴張政治力量的號召。通過他們的論述，得以成爲青年學子的集體記憶。陳獨秀有以下的回憶：他小時接受傳統學術之訓導，對談新學者「以爲皆洋奴，名教所不容也。」當他讀到康、梁介紹新學的文章時，「茅塞頓開，覺今是而昨非。」〔註131〕而「湖南葉德輝所著《翼教叢編》，當時反康派言論之代派也。吾輩後生小子，憤不能平，恆於廣座爲康先生辨護。鄉里瞀儒，以此指吾輩爲康黨，爲孔教罪人，側目而遠之。」〔註132〕陳獨秀的例子，正好反映出湖南維新思潮在全中國所引起的廣泛影響。同時，從亦可得見新一代的中國知識份子對於湖南新舊之爭的認識，實在是建立在種種不同政治力量所建構出來的「史實」上。

而在這種情況下，站在他們對立面的一方，不可避免的要承受污名化之命運。而在此後，這種情況在近代中國史上相當常見。而這亦是近代中國政治文化的一大特色。

三.四版。

〔註131〕陳獨秀，〈駁康有爲致總統總理書〉，《新青年》，2：2（北京，1916 年 11 月 1日），1。

〔註132〕陳獨秀，〈孔子之道與現代生活〉，《新青年》，2：4（北京，1916 年 12 月 1日），1。

第六章　結　論

　　1895～1925 年的中國，被視爲一個轉型時期。在這段轉型時期中，中國無論在思想上和文化等層面上都出現許多重要的變化。〔註 1〕而 1895～1898 年的湖南新政，不僅是戊戌變法的重要一環，亦可看到轉型時期的一些特質。所以，不能單以戊戌變法的角度去研究湖南新政。應從轉型時期的角度加以思考其時代意義。因此，對於湖南新政的重新檢討，亦能作爲了解轉型時代的一個側面。

　　在 1895 年以後，湖南新政實已有長足之發展。在江標、陳寶箴等地方官員的主導，加上譚嗣同、王先謙、唐才常、葉德輝、鄒代鈞等地方士紳的響應下，使得湖南新政推行得相當順利。無論是在文教上、地方建設上都有所進展。江標就任學政時，採取以新學取士的方式，促使士子學習西學；陳寶箴則在地方積極推動現代化建設，使湖南地區得到進一步之發展；張之洞則與陳寶箴在地方事務上相互協助，且對地方仕之建設採取包容之態度，在行動上亦予以實質的支持。因此，地方官吏對於湖南新政之推行，實有重要之貢獻。

　　湖南新政的主事者，在推行新政時往往以外國之經驗作參考；許多士人心目中的政治構想，得以有實行的機會。保衛局就是這種思維下的產物。在湖南新政的主事者看來，保衛局就是湖南新政成敗之關鍵。保衛局的成立，與湖南新政的發展亦有一定程度的關係。保衛局是以日本的治安制度作爲藍

〔註 1〕　張灝，〈中國近代思想史的轉型時代〉，收於氏著，《時代的探索》（臺北：聯經出版有限公司，2005），37～61。關於對這轉型時代的諸多探討，則可參看：王汎森（編），《中國近代思想史的轉型時代：張灝院士七秩祝壽論文集》（臺北：聯經出版有限公司，2007）。

本，加上租界巡捕制度的特質而形成的。不過，由於保衛局的制度不夠完備，未能與湖南地方社會的現況吻合，使得士紳對其多抱持觀望之態度，令保衛局在推行上未如理想。同時，中央政局亦出現變化，主事者因而去職。在這種種原因之下，使保衛局最終以中止告終。保衛局的失敗，一定程度上亦代表湖南新政的受挫。

湖南新政受挫的原因，湖南士人對於新政路線的論爭亦是主要的原因。在新政開創之時，主事的地方官吏與士紳在學說和政治上都有自己的看法，與康梁等人的思想取向有些不同。究其原因，是因為康有為等人之學說過於激進，違反一般士人對儒家學說的認知。另一方面，湖南士紳為了加強新政的影響力，邀請梁啓超加入時務學堂。在梁啓超入湘以後，在表面上與其他士紳共同推動新政，但暗中形成一種又競爭又合作的關係。所以，合作推動新政的士人，其目的與立場並不一致，只是在一個共同目標下，才促使他們合作。

不過，由於梁啓超等人的一些言論，引起一些士人的反對，而把競爭表面化。在一些士人來說，梁啓超入湘意味著康有為的學說影響湖南的士風。而梁啓超就任時務學堂教習的作為，亦遭致了反對者對於湖南新政的批評。而認同梁啓超理念的士人，亦有所回應。於是，湖南士人之間開始出現分歧。這亦削弱了湖南新政的成效。隨著戊戌政變的發生，新政的主持者多受牽連，大多數措施遭到廢除或更名之命運。

湖南新政雖然在名義上終止，但它的一些措施依然影響湖南之發展。例如湖南年青士子持續往日本留學，其中亦有不少時務學堂的學生。而參與湖南新政的士子，雖因自立軍之事而受到排斥。不過，他們在地方事務上，亦作出突出的貢獻。不過，在後來的歷史書寫中，往往對此略而不提。造成這結果的原因，與清末的政治環境有很大的關係。

兩派處於立憲與革命相持不下的時代氣氛戊戌變法後，中國在言論戰場上，湖南新政成為各方所要爭取的思想資源。他們對於湖南新政的歷史解釋與評價，與官方的說法有所不同，正如德國哲學家 Simmel 的名言：「競爭要在三個人的情況下才能存在。」在這種情況下，它們三者之間亦形成一種競爭關係。在立憲派看來，他們自承湖南新政是他們的貢獻，以此來加強他們對抗慈禧太后等當權人士，重新回朝推行變法的合法性；而在革命黨而言，他們自承延續湖南新政的大部份精神，以此來作為他們推行激進革命和鼓動

學潮的依據；在官方而言，他們要借用湖南士人之說詞，以打破立憲派和革命黨人所建構出來的「史實」。這三方對歷史解釋權的爭奪，使自己所呈現的歷史，成為讓人們視為普遍而客觀的事實。〔註2〕這亦成為當時中國政治文化的一大特色。在這種思潮下，不同的歷史書寫造就不同的集體記憶。

在清末，革命黨人開始在言論戰場上佔有優勢。如在出版市場上，革命黨人所創辦之刊物，開始成為時尚的象徵，而《覺迷要錄》等書，就被譏為「沒志氣人做的，去買他也喪失了看書的資格。」〔註3〕隨著宣統皇帝的遜位，以及其後北伐的成功，革命黨人的論述成為人們歷史認識的依據。如在民國時期湖南的一份刊物《楚南》的發刊詞中，就有這樣的說法：

> 最近如清末變法，吾湘首創時務學堂，戊戌往事，殉以瀏陽譚嗣同
> 氏，此為清社存亡運會分水之界，而吾楚南人士之皦皦志節，亦可
> 云絕代空羣，不待唐才常、黃軫等之實行革命，而天下存亡匹夫有
> 責之聲浪，早已愈唱愈高，此吾楚士風嚮有以異於他省之處。〔註4〕

由此可見，革命黨的論述成為了當時的主流，亦成為人們的集體記憶。而現今對湖南新政的歷史解釋，多亦來源於此。

如果把湖南新政放回轉型時代的脈絡加以理解，則亦有其深刻之意義。正如張灝所指陳：在轉型時代中，報刊雜誌、新式學校及學會等制度性傳播媒介的大量湧現，而在思想上則出現文化取向危機，新的思想論域亦在此時出現。如把張灝的觀點用來看待湖南新政，則會發現有許多吻合之處。首先，湖南新政是由地方官吏聯合士紳，自發進行的一次政治改革。他們從西方的政治制度中得到靈感，結合地方的實際狀況，對於地方的政治制度進行改革，

〔註2〕 這裏借用 Robert Gildea 對法國革命史的看法，見：Robert Gildea, *The Past in French History*（New Haven and London： Yale University Press,1994）,p.13.

〔註3〕 「徐鏡吾為書賈中革命之最先鋒也，在滬設攤於福州路升平茶肆之樓下。時民政機雜誌坊間無敢承銷者，以當道查禁甚嚴，懼牽累也。徐乃獨樹一幟，所列皆系鼓吹革命書籍，如《民報》、《江蘇》、《洞庭波》等，人咸秘藏不敢稍露，徐坦然置之眾目聚視之處，不以為意也。一夕，有一客手視《覺迷【要】錄》，竚立攤旁，見所列新書為之咋舌不置，徐謂之曰：『此種書現在有些志氣人看的，你手裏的書是沒志氣人做的，去買他也喪失了看書的資格。』客面為之赤，卒買數冊新書而去。」見：陳伯熙（編著），《上海軼事大觀》（上海：上海書店出版社，2000），61。徐鏡吾，應為野雞大王徐惕吾。

〔註4〕 蒼石，〈發刊詞〉，《楚南》，第1期（長沙，1935年6月17日），2，收於《民國珍稀短刊斷刊‧湖南卷》（北京：全國圖書館文獻縮微複製中心，2006），3冊，985。

是一次嶄新的嘗試。而且，地方士紳在思考政治問題時，已開始具備自治意識。例如南學會、保衛局等，都是在地方自治的前提下產生的。地方自治思潮自太平天國後已開始具備雛型，而在湖南新政中得以進一步的實踐。至於南學會與時務學堂的出現，則是代表一種講演文化的出現。通過講者的演講，鼓動年青士子的政治熱情，使其能認同講者的政治主張以為政治動機之必要。在清末，更被官方視為革命黨人煽惑學堂學生的重要媒介，故往往予以禁止。此與中國本世紀以來的學生運動，在性質上有所相似。

隨著新政的進一步深化，梁啟超等人的介入，使得一部分湖南士紳開始產生危機感，此危機感建基於對康有為學說和作事風格的不滿。這種危機感，成為湖南士人論爭的主要原因之一。隨著湖南新政的受挫，有的士人逃往海外，以言論等行動表達他們對政治的看法，以此來爭取重掌政治權力的機會；有的士人則走上與清朝對立的道路，在言論上不斷向清朝的政治正當性提出質疑。他們通過報刊等媒介，借用湖南新政的相關史事作為政治論述的依據。通過這些論述，使他們的政治行為具備合法性的基礎。從這例子看來，湖南新政的確具有轉型時代的一些特質。因此，對湖南新政重新檢討，能有助於後人了解轉型時代的歷史。

重新探討湖南新政的另一個用意，有助於我們去審視過去歷史書寫的不足。在以往的歷史論述中，往往只偏重於維新／革命人士一方，而把其看法視為理所當然，並全盤接收，進而為該段歷史定調。這種作法，往往忽略了當時的歷史環境、政治氛圍等因素，令後人對這段歷史有所誤解。受限於這種誤解，造成兩種情況：一）對於定調為「守舊」人士的記述，多存有成見或予以忽略。二）由於近代史之史料繁雜，有不少重要之史料，尚未為學界所發現與運用。而在湖南新政之中，尚有不少材料等待研究者的發掘與整理。一旦他日出現，對於現行的歷史書寫定必造成衝擊。所以，在重新探討湖南新政時，只有通過「去熟悉化」，才能使我們能重新拾回失去的歷史知識，而避免淪為重覆而乏味的歷史書寫作業。不過，在湖南新政中，尚有諸多不清之處，尚待學界加以考察。

若考究「新舊之爭」此種論述，實有其特定的形成脈絡。而這跟政治文化之轉變，實有密切之聯繫。從本論文的探討中，可以發現：這種論述只是晚清政治文化中所盛行的一種政治語言。借用政治思想史名家 Pocock 的話來說：政治語言「是一種修辭方式，用這種語言說話的人往往有各種各樣的目

的,作爲政治活動和政治文化的一部分。說話者借以清晰表達和溝通的方式,也是林林總總的。」〔註5〕革命黨人和立憲人在報刊等傳播媒體的不斷宣傳,成功使「維新」、「守舊」成爲後人對於該段歷史的既有印象,以使其能促使讀者能接受其政治主張。而這種歷史記憶亦成爲後人對湖南新政的認知。胡適和陳獨秀的例子,正好反映此一現象。

隨著中國歷史的發展,對於新、舊的論述亦出現變化。原本被視爲維新派的康有爲,因主張孔教,而貼上守舊的標籤。而守舊派葉德輝,亦成爲共產黨在推行湖南土地改革時的打倒對象。1927 年 4 月 11 日,葉德輝在土地改革運動中爲共產黨所槍斃。而在葉德輝遭槍決前,康有爲已先去世。而當時言論界對此兩人之評價,可謂莫衷一是。其中,《湖南民報》所發表的一篇文章,就有以下的看法:

> 康有爲死了,葉德輝槍斃了,相距只有十天。(康三月三十一日死,葉四月十一日槍斃)他倆都是讀過很多舊書的,也可以說是舊書埋葬了他倆的聰明。丁酉、戊戌之時,他倆曾開過筆戰,爭什麼不值一顧的今文古文。那時康維新,葉守舊。革命青年,把康頂做聖人。曾幾何時,聖人不聖了、一車兩馬,周遊辮帥、玉帥、雨帥之間,葉氏亦大籌其安,稱臣洪憲皇帝,雖師說各異然帝星未曜,臣罪當誅,末路有同感也。康本維新首領,忽然舊到三代以上。葉自命舊門派(在獄供詞),但又笑程子楅不看新書,未免太舊。(時程亦被捕在獄,葉笑之)這場新舊官司,怕要到閻王老子前面才能了結。

〔註6〕

由此可見:所謂的新與舊,並不足以定義歷史人物的作爲,忽略了人的複雜性。而新與舊的定義,其實並不是固定不變的,而是隨著政治文化的轉變而有所更動的。因此,新與舊本身不是約定俗成的概念,而只是一些政治立場上的分類,經過各種媒介的傳播,得以成爲人們的認識。可是,人們往往會把他們的行爲化約爲新、舊之別,往往使後人沒法得知歷史人物行爲之本相。這種認識,成爲後人想像中的歷史事實,卻限制了人們所能得到的歷史知識。就如錢穆所言:這種史觀「不過爲當時一種黨人之宣傳」,「待滿清傾覆,專

〔註 5〕 J.G.A.Pocock, "Languages and Their Implications：The Transformation of the Study of Political Thought", *Politics,Language and Time：Essays on Political Thought and History*（Chicago：Univeristy of Chicago Press,1989）,p.17.

〔註 6〕〈短評:康有爲與葉德輝〉,《湖南民報》,1927 年 4 月 15 日,3 版。

制政體推翻，此等歷史觀，早應功成身退。」〔註7〕不過，這種史觀一直影響了人們對該段歷史的看法，而受限於它所給予的「歷史語言」之中。人們對於歷史事件的認識，往往受限於「歷史語言」，而使得評價歷史事件的眞實影響時，有積是成非之感。

而在中國近代史上，類似的「歷史語言」比比皆是。〔註8〕只有破除這種「歷史語言」的限制，明白此種歷史解釋只是某一政治群體建構自身合法性的依據。〔註9〕這樣，後人才能重新檢討史料和史實，才能如實揭示歷史進程的複雜與多樣。〔註10〕如此一來，吾人心目中的「近代中國」圖像，或許會是與過往完全不同的。而我們所能得到的思想資源，亦會更爲豐碩。這種思想資源的擴充，更能有助於拓展對未來生活的想像。

〔註7〕 錢穆，〈略論治史方法〉，收於氏著，《中國歷史研究法》（臺北：蘭臺出版社，2001），137。

〔註8〕 例如在國、共兩黨的「革命史觀」下，自袁世凱以降的北洋政府被描述爲喪權辱國的政權。但是，現時的研究都指出：北洋政府在外交等方面都有長足的建樹，如修約外交，收回一部份外國在華之特權。可參見：唐啓華，〈北洋外交研究評介〉，《歷史研究》，2004：1（北京，2004年2月），99～113。

〔註9〕 Robert Gildea, *The Past in French History*,p.340.

〔註10〕 桑兵，《庚子勤王與晚清政局》，204。

附　錄

《日本國志》中有關日本警察之描述與〈湖南保衛局章程〉內容對照表：

《日本國志》〔註1〕	〈湖南保衛局章程〉〔註2〕
凡警察職務在保護人民；一去害、二衛生、三檢非違、四索罪犯。【考西法有行政警察，其職在保民衛國，防患未然。若經犯罪搜索逮捕之事，別有司法警察司之。今日本亦名行政警察，其職制曰：凡行政警察豫防之力所不及，有背律犯法者則搜索逮捕，悉照檢事章程，並司法警察規則而行，蓋以行政兼司法也。】	本局職事在去民害、衛民生、檢非違、索罪犯。
凡地方有殺人放火者、鬪毆傷者、強竊盜者及、反獄越檻者、僞造貨幣者、誆騙掏摸者、博弈者、奸淫者、見則捕之。有人民告發，則訴其事於長官，執票拘甫之。【搜索不則狀其年貌，或懸其人之鏡，寫眞以求之。】	【此項巡查，除奉有官票另行差委之外，其尋常職事】凡有殺人放火者、鬪毆傷者、強竊盜者、小竊掏摸者、奸淫誘者，見則捕之。有民人告發，則訴其事於局，執票拘捕之。
凡行道之人，勿論天災人事，逢急難者，則趨救之。醉人、瘋癲人則送致其家；老幼婦女及外國人，皆加意維護之。	凡行路之人，無論天災人事，遇有急難，即趨救之。醉人、瘋顛人迷失道路，即送歸其家；殘疾人、老幼婦女、過客均加意維護。

〔註1〕 黃遵憲，《日本國志》（上海：集成印書局，1898），卷十四〈職官志二〉，34a～34b。

〔註2〕 〈湖南保衛局章程〉，《湘報》，第7號，1898年3月14日。

凡所轄區內，大小往來之道路、市街、村落之位置，必一一詳知；所住人民，必熟知其身家品行，若無業人及異色人，常默察之。	凡所轄地內，道路之大小、市街之長短、戶口之多寡，必一一詳記；所住人民，必熟悉其身家品行，若無業人及異色人，常默察之。
凡處士橫議，聚黨結社、誹謗朝政、煽惑人心者，禁之、罰之。【凡政府有新布政令，則潛察人民之信否，以上聞。】	凡聚眾結會、刊刻謠帖、煽惑人心者，見即捕拿。
【凡俳優、游戲、巫舞、歌唱，傷敗風俗，禁之。】凡市街喧雜之所，聚會擾攘之處，則彈壓之。	凡街區擾樂之所、聚會喧嘩之事，應隨時彈壓，毋令滋事。
凡車馬往來，碍行旅者、傷人物者，禁之。	車擔往來，礙行道傷人物者，應設法安排，毋令阻道。
凡道途污穢、溝渠淤塞則告之戶長，使清理之。	道路污穢、溝渠淤塞，應告局中，飭司事者，照章辦理。
凡賣飲食物，贗造腐敗者，禁之。	凡賣飲食物，質已腐敗或物係偽造者，應行禁止。
凡遺失物，則留存，以還其人。	見有遺失物，即收局中，留還本人。
凡巡查皆服西服，持短棍以自衛、攜呼笛以集眾、懷手帖以記事，日夜分班，計日請代。	凡巡查準攜短木棍一根，係以自衛。【不准打人，並不許擅以聲色威勢加人，內處同事、外對眾人，務以謙和溫順、忠信篤實為主。各分局巡查，概分為兩班，每日分六次，每四個鐘點換班。】
毋得聚飲、毋得吸煙、毋得私鬭鬨爭、毋得踞坐、毋得貸借、毋得洩漏、毋得虛捏、毋得凌辱人、毋得受賄。凡屬警察官吏，皆毋得貪功、毋得報人家隱微小惡。非持有長官令狀，不得徑入人家。	凡巡查不准受賄，亦不准受謝。查出斥革，並監禁作苦役。凡巡查不准攜雨傘執扇、不准吸煙、不准露坐、不准聚飲、不准與街市人嘈鬧戲談，違者懲罰。凡巡查非奉有本局票斷，不許擅入人屋。違者斥革，兼監禁作苦役。

參考書目

一、期刊

1. 《知新報》，1～133 冊，上海：上海社會科學院出版社，1996。

2. 《時務報》，1～69 冊，臺北：京華書局，1967。

3. 《湘報》，1～171 號，北京：中華書局，1965。

4. 《湘學新報》，1～40 冊，臺北：華文書局，1967。

5. 《湖南官報》，姜亞沙（編），《清末官報匯編》，35～36 冊，北京：全國圖書館文獻縮微複制中心，2006。

6. 《湖南歷史資料》，1958–1960:1、1980:1、1981:1～2，長沙：湖南人民出版社，1958～。

7. 《萬國公報》，1～45 冊，臺北：華文書局，1968。

8. 《實學報》，1～14 冊，臺北：文海出版社，1996。

9. 中國人民政治協商會議湖南省委員會文史資料研究委員會（編），《湖南文史資料選輯》，1～33 輯，長沙：湖南人民出版社，1979。

10. 《臺灣日日新報》。

二、專書（中日文部分）

1. 《近衛篤磨日記》刊行會（編），《近衛篤磨日記》，第三冊，東京：鹿島研究所出版會，1968～1969。

2. 《湖南省志》編纂委員會（編），《湖南近百年大事紀述》，長沙：湖南人民出版社，1959。

3. 《湖南時務學堂問答》，第一集，日本京都大學人文科學圖書館館藏。

4. 《薛福成全集》，下冊，臺北：廣文書局，1963。

5. 丁文江、趙豐田，《梁任公年譜長編初稿》，北京：北京圖書館出版社，1999。

6. 丁平一，《譚嗣同與維新派師友》，長沙：湖南大學出版社，2004。

7. 上海人民出版社（編），《上海公共租界史稿》，上海：上海人民出版社，1980。

8. 上海市文物保管委員會（編），《康有爲與保皇會》，上海：上海人民出版社，1982。

9. 上海圖書館（編），《中國近代期刊篇目彙錄》，上海：上海人民出版社，1965～1985。

10. 上海圖書館（編），《汪康年師友書札》，1–4冊，上海：上海古籍出版社，1986～1989。

11. 千葉正史，《近代交通体系と清帝国の變貌：電信.鉄道ネットワ～クの形成と中国国家統合の変容》，東京：日本經濟評論社，2006。

12. 大日方純夫，《近代日本の警察と地域社会》，東京：筑摩書房，2000。

13. 中山大學歷史系（編），《陳寅恪與二十世紀中國學術》，杭州：浙江人民出版社，2000。

14. 中央研究院近代史研究所（編），《中國近代史資彙編：教務教案檔》，第六輯（二），臺北：中央研究院近代史研究所，1974。

15. 中村義，《白岩龍平日記：アジア主義實業家の生涯》，東京：研文出版社，1999。

16. 中村義，《辛亥革命史研究》，東京：未來社，1979。

17. 中國史學會（主編），《中國近代史資料叢刊：戊戌變法》，1～4冊，上海：上海人民出版社，2000。

18. 中國史學會（編），《中國近代史資料叢刊：辛亥革命》，第1冊，上海：人民出版社，2000。

19. 中國社會科學院近代史研究所中華民國史研究室等（編），《孫中山全集》，第1卷，北京：中華書局，1981。

20. 中國社會科學院近代史研究所文化史研究室（主編），《辛亥革命時期期刊介紹》，第1集，北京：人民出版社，1982。

21. 中國第一歷史檔案館（編），《光緒宣統兩朝上諭檔》，25冊，桂林，廣西師範大學出版社，1996。

22. 亓冰峰，《清末革命與君憲的論爭》，臺北：中央研究院近代史研究所，1966。

23. 内藤湖南，《内藤湖南全集》，第二卷，東京：筑摩書房，1970～1974。

24. 孔祥吉，《晚清佚聞叢考：以戊戌維新爲中心》，成都：巴蜀書社，1998。

25. 支偉成，《清代樸學大師列傳》，臺北：藝文印書館，1970。

26. 毛祥麟，《對山書屋墨餘錄》，臺北：廣文書局，1991。

27. 王永興（主編），《紀念陳寅恪先生百年誕辰學術論文集》，南昌：江西教

育出版社，1994。

28. 王先謙，《清王葵園先生先謙自定年譜》，臺北：臺灣商務印書館，1978。

29. 王先謙，《虛受堂書札》，臺北：文海出版社，1971。

30. 王汎森，《中國近代思想與學術的系譜》，臺北：聯經出版文化有限公司，2003。

31. 王家儉，《清末民初我國警察制度現代化的歷程（1901～1928）》，臺北：臺灣商務印書館，1984。

32. 王栻（編），《嚴復集》，1–5 冊，北京：中華書局，1986。

33. 王紹坊，《中國外交史（鴉片戰爭至辛亥革命時期，1840～1911）》，開封：河北人民出版社，1988。

34. 王逸明（主編），《葉德輝集》，第 1～4 冊，上海：學苑出版社，2007。

35. 王鳳喈，《中國教育史》，臺北：正中書局，1989。

36. 王爾敏，《晚清政治思想史論》，臺北：華世出版社，1976。

37. 王闓運，《湘綺樓日記》，臺北：臺灣商務印書館，1973。

38. 王蘧常，《沈寐叟年譜》，臺北：臺灣商務印書館，1977。

39. 北京市檔案館（編）；楊念群（點校），《楊度日記》，北京：新華出版社，2001。

40. 四川大學圖書館（編），《中國野史集成》，46 冊，成都：巴蜀書社，1993。

41. 吉澤誠一郎，《愛国主義の創成：ナショナリズムから近代中国をみる》，東京：岩波書店，2003。

42. 朱有瓛（編），《中國近代學制史料》，上海：華東師範大學出版社，1990。

43. 朱克敬，《暝庵雜識》，長沙：岳麓書社，1983。

44. 江標（編），《沅湘通藝錄》，《叢書集成初編》，234 冊，上海：商務印書館，1936。

45. 江標（編），《格致精華錄》，出版地不詳：1897，臺北中央研究院近代史研究所郭廷以圖書館藏。

46. 江標（輯），《靈鶼閣叢書》，臺北：藝文出版社，1966。

47. 何信全，《晚清公羊學派的政治思想》，臺北：經世書局，1984。

48. 吳天任，《清黃公度先生遵憲年譜》，臺北：臺灣商務印書館，1985。

49. 吳保初，《北山樓集》，合肥：黃山書社，1990。

50. 呂万和，《明治維新と中國》，東京：六興出版，1988。

51. 李仁淵，《晚清的新式傳播媒體與知識份子：以報刊出版爲中心的討論》，臺北：稻鄉出版社，2005。

52. 李伯元，《南亭筆記》，太原：山西古籍出版社，1999。

53. 李肖聃，《星廬筆記》，長沙：岳麓書社，1983。

54. 李劍農，《戊戌以後三十年中國政治史》，北京：中華書局，1980。

55. 杜邁之等（編），《自立會史料集》，長沙：岳麓書社，1983。

56. 求是齋（編），《皇朝經世文編五集》，臺北：文海出版社，1987。

57. 汪兆鏞（輯），《碑傳集三編》，臺北：文海出版社，1980。

58. 汪叔子等（編），《陳寶箴集》，共三冊，北京：中華書局，2003。

59. 汪榮祖（譯），蕭公權（著），《康有爲思想研究》，臺北：聯經出版有限公司，1988。

60. 來新夏，《中國近代圖書事業史》，上海：上海人民出版社，2000。

61. 周秋光（編），《熊希齡先生遺稿》，上海：上海書店出版社，1998。

62. 周秋光（編），《熊希齡集》，第一冊，長沙：湖南出版社，1996。

63. 東亞同文會內對支功勞者傳記編纂會（編），《續對支回顧錄》，東京：大日本教化圖書，1941～1942。

64. 松崎鶴雄，《柔父隨筆》，東京：座右寶刊行會，1943，臺北中央研究院傅斯年圖書館南都藏書室藏。

65. 林能士，《清季湖南的新政運動（1895～1898）》，臺北：國立臺灣大學文學院，1972。

66. 林慶彰，蔣秋華（編），楊菁（點校），《蘇輿詩文集》，臺北：中央研究院中國文哲研究所，2005。

67. 邵元沖，《邵元沖先生文集》，下冊，臺北：中國國民黨黨史委員會，1983。

68. 金匱闕鑄補齋主人（編），《皇朝新政文編》，臺北：文海出版社，1987。

69. 阿英，《晚清小說史》，臺北：臺灣商務印書館，1968。

70. 阿部洋，《中国の近代教育と明治日本》，東京：龍溪書舍，2002。

71. 姜泣群（編），《民國野史》，太原：山西古籍出版社，1999。

72. 胡兆鸞（編），《西學通攷》，長沙：1897，浙江大學圖書館藏。

73. 胡珠生（編），《宋恕集》，上冊，北京：中華書局，1993。

74. 胡鈞（編），《清張文襄公之洞年譜》，臺北：臺灣商務印書館，1978。

75. 胡適，《胡適的日記》，10 冊，臺北：遠流出流社，1989～1990。

76. 唐才常（編），《湘報類纂》，1～2 冊，臺北：大通出版社，1968。

77. 唐才常，《覺顛冥齋內言》，收入：《續修四庫全書》編輯委員會（編），《續修四庫全書·集部·別集類》，第 1568 冊，上海：上海古籍出版社，1997。

78. 夏曉虹（編），《追憶康有爲》，北京：中國廣播電視出版社，1996。

79. 孫延釗（撰），徐和雍、周立人（整理），《孫衣言、孫詒讓父子年譜》，上海：上海社會科學出版社，2003。

80. 孫春在,《清末的公羊思想》,臺北:臺灣商務印書館,1985。

81. 徐世昌,《清儒學案》,臺北:世界出版社,1962。

82. 徐珂,《清稗類鈔》,2冊,臺北:臺灣商務印書館,1966。

83. 柴萼(撰),《梵天廬叢錄》,上海:中華書局,1926。

84. 桑兵,《庚子勤王與晚清政局》,北京:北京大學出版社,2004。

85. 桑兵,《晚清學堂學生與社會變遷》,臺北:稻禾出版社,1991。

86. 桑兵,《清末新知識界的社團與活動》,北京:生活・讀書・新知三聯書店,1995。

87. 狹間直樹(編),《共同研究梁啓超:西洋近代思想受容と明治日本》,東京:みすず書房,1999。

88. 狹間直樹(編),《西洋近代文明と中華世界:京都大學人文科學研究所70周年記念シンボジウム論集》,京都:京都大學學術出版會,2001。

89. 神谷正男(編),《宗方小太郎文書》,東京:原書房,1975。

90. 國家檔案局明清檔案館(編),《戊戌變法檔案史料》,北京:中華書局,1958。

91. 張之洞,《張文襄公全集》,臺北:文海出版社,1970。

92. 張元濟,《張元濟詩文》,北京;商務印書館,1986。

93. 張玉法(編),《劍橋中國史・晚清篇(下),1800–1911》,臺北:南天書局,1987。

94. 張玉法,《清季的立憲團體》,臺北:中央研究院近代史研究所,1971。

95. 張朋園,《中國民主政治的困境,1909～1949—晚清以來歷屆議會選舉述論》,臺北:聯經出版有限公司,2007。

96. 張朋園,《中國現代化的區域研究:湖南省(1860～1916)》,臺北:中央研究院近代史研究所,1982。

97. 張朋園,《立憲派與辛亥革命》,臺北:中央研究院近代史研究所,1969。

98. 張朋園,《梁啓超與清季革命》,臺北:中央研究院近代史研究所,1964。

99. 張枬、王忍之(編),《辛亥革命前十年間時論選集》,第一卷,北京:三聯書店,1960～1978。

100. 張灝,《時代的探索》,臺北:聯經出版社,2004。

101. 張灝,《烈士精神與批判意識》,桂林:廣西師範大學出版社,2004。

102. 曹典球先生誕辰120週年紀念會(編),《愛國教育家曹典球》,長沙:湖南大學出版社,1997。

103. 梁啓超,《清代學術概論》,臺北:臺灣商務印書館,1994。

104. 梁啓超,《飲冰室專集》,臺北:中華書局,1978。

105. 深澤秀男，《戊戌變法運動史の研究》，東京：國書刊行會，2000。

106. 清華大學歷史系（編），《戊戌變法文獻資料繫日》，上海：上海書店，1998。

107. 盛宣懷，《愚齋存稿》，臺北：文海出版社，1975。

108. 章伯峰、顧亞（主編），《近代稗海》第12輯，成都：四川人民出版社，1988。

109. 章開沅、羅福惠、嚴昌洪（主編），《辛亥革命史資料新編》，6卷，武漢：湖北人民出版社，2006。

110. 陳三立，《散原精舍文集》，臺北：中華書局，1966。

111. 陳少明、單世聯、張永義（著），《近代中國思想史略論》，廣州：廣東人民出版社，1999。

112. 陳伯熙（編著），《上海軼事大觀》，上海：上海書店出版社，2000。

113. 陳寅恪，《陳寅恪史學論文選集》，上海：上海古籍出版社，1992。

114. 陳寅恪，《寒柳堂集》，北京：生活・讀書・新知三聯書店，2001。

115. 陳善偉（編），《唐才常年譜長編》，香港：中文大學出版社，1990。

116. 陶德民，《明治の漢學者と中國：安繹・天囚・湖南の外交論策》，大阪：關西大學出版社，2007。

117. 麥仲華（編），《皇朝經世文新編》，臺北：文海出版社，1972。

118. 彭澤益（編），《中國近代手工業史資料，1840～1949》，北京：生活・讀書・新知三聯書店，1957。

119. 湖南省地方志編纂委員會（編），《湖南省志》，長沙：湖南人民出版社，1959。

120. 湖南省哲學社會科學研究所（編），《唐才常集》，北京：中華書局，1980。

121. 湯志鈞（編），《章太炎年譜長編》，上冊，北京：新華出版社，1979。

122. 湯志鈞（編），《章太炎政論選集》，上卷，北京：中華書局，1977。

123. 湯志鈞，《戊戌時期的學會和報刊》，臺北：臺灣商務印書館，1993。

124. 湯志鈞，《戊戌變法人物傳稿》，臺北：文海出版社，1974。

125. 湯志鈞，《乘桴新獲：從戊戌到辛亥》，南京：江蘇古籍出版社，1990。

126. 黃遵憲，《日本雜事詩》，臺北：文海出版社，1974。

127. 黃遵憲，《黃遵憲集》，1～2冊，天津：天津人民出版社，2003。

128. 黃濬，《花隨人聖庵摭憶》，太原：山西古籍出版社，1999。

129. 楊廷福，《譚嗣同年譜》，北京：人民出版社，1957。

130. 楊念群，《儒學地域化的近代形態——三大知識群群體的互動比較研究》，北京：生活・讀書・新知三聯書店，1997。

131. 葉德輝（編），《覺迷要錄》，臺北：文海出版社，1987。

132. 葉德輝（編），《覺迷要錄》，臺北中央研究院歷史語言研究所傅斯年圖書館藏，1905。

133. 葛元煦，《滬游雜記》，上海：上海書店出版社，2006。

134. 實藤惠秀（著），陳固亭（譯），《明治時代中日文化的連繫》，臺北：中華書局，1971。

135. 對支功勞者傳記編纂會（編），《對支回顧錄》，東京：東亞同文會內對支功勞者傳記編纂會，1936。

136. 廖梅，《汪康年：從民權論到文化保守主義》，上海：上海古籍出版社，2001。

137. 熊月之，《中國近代民主思想史》，上海：上海人民出版社，1986。

138. 熊月之，《西學東漸與晚清社會》，上海：上海人民出版社，1994。

139. 端方，《端忠敏公奏稿》，臺北：文海出版社，1967。

140. 趙爾巽（編），《清史稿校註》，臺北：國史館，1986。

141. 趙樹貴、曾麗雅（主編），《陳熾集》，北京：中華書局，1988。

142. 劉志琴（主編），《近代中國社會文化變遷錄》，第 1 冊，浙江：浙江人民出版社，1998。

143. 劉泱泱（主編），《湖南通史・近代卷》，長沙：湖南出版社，1994。

144. 劉寅生，袁英生（編），《王國維全集：書信》，臺北：華世出版社，1982。

145. 劉達武（編），《蔡松坡先生遺集》，臺北：文星出版社，1962。

146. 潘光哲（編選），《《自由中國》選編——黨國體制的批判》，臺北：稻鄉出版社，2003。

147. 蔡尚思、方行（編），《譚嗣同全集》，北京：中華書局，1981。

148. 蔣英豪（編），《黃遵憲師友記》，上海：上海書店，2002。

149. 蔣德鈞，《求實齋類纂》，臺北中央研究院近代史研究所郭延以圖書館藏。

150. 鄭海麟，《黃遵憲與近代中國》，北京：生活・讀書・新知三聯書店，1988。

151. 橫山英（編），《中國の近代化と地方政治》，東京：勁草書房，1985。

152. 錢基博，《近百年湖南學風・湘學略》，長沙：岳麓書社，1985。

153. 錢穆，《中國歷史研究法》，臺北：蘭臺出版社，2001。

154. 薛化元，《晚清中體西用思想論（1861～1900）：官定意識型態的西化理論》，臺北：稻鄉出版社：1991。

155. 韓延龍，《中國近代警察史》，上冊，北京：社會科學文獻出版社，2000。

156. 羅志田，《昨天的與世界的：從文化到人物》，北京：北京大學出版社，2007。

157. 羅志田，《權勢轉移：近代中國的思想、社會與學術》，武漢：湖北人民

出版社，1999。

158. 羅家倫（主編），《二十世紀之支那、洞庭波、漢幟（合訂本)》，臺北：中國民黨中央委員會黨史史料編纂委員會，1968。

159. 羅家倫（主編），《警鐘日報》，5 冊，臺北：中國國民黨中央委員會黨史史料編纂委員會，1968。

160. 羅檢秋，《近代諸子學與文化思潮》，北京：中國社會科學出版社，1998。

161. 嚴昌洪、許小青，《癸卯年萬歲：1903 年的革命思潮與革命運動》，武漢：華中師範大學出版社，2001。

162. 嚴昌洪等（編），《張難先文集》，武漢：華中師範大學出版社，2005。

163. 蘇輿（編）、楊菁（點校），《翼教叢編》，臺北：中央研究院中國文哲研究所，2005。

164. 饒懷民（編），《楊毓麟集》，長沙：岳麓書社，2001。

165. 顧廷龍（校閱），《藝風堂友朋書札》，上冊，上海：上海古籍出版社，1980。

166. 顧炎武，《日知錄集釋》，臺北：國泰文化事業有限公司，1980。

三、論文（中日文部分）

1. 〈支那朋黨分裂の概況〉，《東邦協會會報》，61 期（東京，1899 年 9 月 10 日），45～63。

2. 〈都察院代遞總檢察廳廳丞王世琪等請開復已故湘撫陳寶箴原官呈〉，《國風報》，1：3（1910 年 3 月 11 日），127～129。。

3. 〈短評：康有為與葉德輝〉，《湖南民報》，1927 年 4 月 15 日，3 版。

4. 《朱峙三日記》，收入：辛亥革命研究會、武昌辛亥革命研究中心（編），《辛亥革命史叢刊》，12 輯（武漢：湖北人民出版社，2005），151～414。

5. 中西牛郎，〈論說：張之洞氏の新著を讀〉，《太陽》，4:20（東京，1898 年 10 月 5 日），23～29。

6. 中村義，〈辛亥革命期間的湖南省與日本〉，收入：《辛亥革命與近代中國：紀念辛亥革命八十周年國際學術研討會論文集》（北京：中華書局，1994），第 2 冊，1224—1231。

7. 中村義，〈洋務・變法と民變——一八九八年の兩湖地區をめぐつて〉，收入：田中正俊（編），《講座中國近現代史》第 2 集（東京：東京大學出版会，1978），147～175。

8. 孔祥吉，〈江標〉，收入：林增平、郭漢民（編），《清代人物傳稿》，下編第六卷（瀋陽：遼寧人民出版社，1990），184～192。

9. 王汎森，〈中國近代思想文化史研究的若干思考〉，《新史學》，14：4（臺北，2003 年 12 月），177～194。

10. 王笛,〈晚清警政與社會改造〉,收入:中華書局編輯部(編),《辛亥革命與近代中國:紀念辛亥革命 80 周年國際學術討論會文集》(北京:中華書局,1994),上冊,193～209。

11. 目黑克彦,〈湖南変法運動におけろ保衛局の歴史的位置〉,《東北大學東洋史論集》,第二輯(仙台,1986),107～142。

12. 石川禎浩,〈辛亥革命時期的種族主義與中國人類學的興起〉,收入:中國史學會(編),《辛亥革命與二十世紀的中國》,下冊(北京:中央文獻出版社,2002),998–1020。

13. 全漢昇,〈清末的「西學源出中國」說〉,《嶺南學報》,4:2(廣州,1935年 6 月),705–727。

14. 朱峙三,〈兩湖書院——兩湖總師範學堂〉,《武漢文史資料》,1986:1(武漢,1986 年 3 月),73～79。

15. 朱英,〈戊戌到辛亥地方自治的發展——湖南保衛局與上海總工程局之比較〉,《近代史研究》,1994:4(北京,1994 年 8 月),88～105。

16. 佐佐木正哉,《清末排外運動の研究》第一冊,《近代中國》,12(東京:巖南堂書店,1982)。

17. 佐藤宏,〈支那朝野の眞相を説きて同國を改造するは日本人の責なる所以を論す〉,《日本人》,63(東京,1898 年 3 月 20 日),18～28。

18. 佐藤慎一,〈1890 年代の「民權」論—張之洞と何啓の「論爭」を中心に〉,收入:金谷治(編),《中國における人間性の探究》(東京:創文社,1983),709～727。

19. 吳仰湘,〈南學會若干史實考辨〉,《近代史研究》,2001:2(北京,2001年 4 月),281～292。

20. 呂實強,〈周漢反教案(1890～1898)〉,《中央研究院近代史研究所集刊》,2(臺北,1971),417～461。

21. 周瑞坤,〈公共衛生與廣州城市現代化(1901～1930s)〉(臺北:國立政治大學歷史研究所碩士論文,2002)。

22. 周麗潮,〈湖南開民智運動之研究(1895～1911)〉,臺北:政治大學歷史研究所碩士論文,1982。

23. 林志宏,〈清遺民與近代中國政治文化的轉變〉,臺北:國立臺灣大學歷史研究所博士論文,2005。

24. 桑兵,〈「興亞會」與戊戌庚子間的中日民間結盟〉,《近代史研究》,2006:3(北京,2006 年 6 月),41—53。

25. 狹間直樹,〈譚嗣同『仁學』の刊行と梁啓超〉,《東方學》,110 輯(京都,2005 年 7 月),122～135。

26. 崔建英(整理),〈郋園學行記〉,《近代史資料》,57(北京,1985),107

～145。

27. 陳恭祿，〈甲午戰後庚子亂前中國變法運動之研究，1895—1898〉，《國立武漢大學文哲季刊》，3：1（武漢，1933年），57～127。

28. 陳善偉，〈翻譯與政治：唐才常的西學知識與政治思想〉，《中國文化研究所學報》，8（香港，1999），235～249。

29. 陳慶年，〈戊戌己亥見聞錄〉，《近代史資料》，81（北京，1992），101～138。

30. 陳獨秀，〈孔子之道與現代生活〉，《新青年》，2卷4期（北京，1916年12月1日），1～7。

31. 陳獨秀，〈駁康有為致總統總理書〉，《新青年》，2卷2期（北京，1916年11月1日），1～4。

32. 陳鼇，〈戊戌政變時反變法人物之政治思想〉，《燕京學報》，25（北京，1939年），59～106。

33. 舒習龍，〈姚錫光述論〉，《史林》，2006：5（上海，2006年10月），頁52～59、114。

34. 華立，〈清代保甲制度簡論〉，收入：中國人民大學清史研究所（編），《清史研究集》，第六集（北京：光明日報出版社，1988），87～121。

35. 黃東蘭，〈近代中國地方自治話語試論〉，收入：賀照田（主編），《顛躓的行走：二十世紀中國的知識與知識份子》（長春：吉林人民出版社，2004），3～31。

36. 楊聯陞，〈帝制中國的作息時間〉，收入：氏著，《國史探微》（臺北：聯經出版有限公司，1983），61～89。

37. 葉瀚，〈塊餘生自紀〉，《中國文化研究所集刊》，5（上海：復旦大學出版社，1987），476～491。

38. 潘光哲，〈《時務報》與它的讀者〉，《歷史研究》，2005：5（北京，2005年10月），60–83。

39. 潘光哲，〈近代中國「民主想像」的興起（1837~1895）〉，臺北：國立臺灣大學歷史研究所博士論文，2001。

40. 潘光哲，〈晚清中國的民主想像〉，《二十一世紀》，67（香港，2001年10月），66～70。

41. 潘光哲，〈開創"世界知識"的公共空間：《時務報》譯稿研究〉，《史林》，2006：5（上海，2006年10月），1～18。

42. 潘光哲，〈想像現代化——1930年代中國思想界的一個解剖〉，《新史學》，16：1（臺北，2005年3月），85～124。

43. 蔡開松，〈湖南保衛局述論〉，《近代史研究》，1990：1（北京，1990年2月），109～124。

44. 賴溫如，〈晚清新舊學派思想之爭論：以《翼教叢編》爲中心的探討〉，臺北：國立臺灣師範大學國文研究所博士論文，2003。

45. 薛英（輯錄），〈江標致宮島信〉，《文獻》，37：3，（北京，1988 年 8 月），286。

46. 藤谷浩悦，〈戊戌變法と畢永年：湖南維新派の思想と行動〉，《駒澤史學》，64（東京：2005 年 6 月），64～88。

47. 藤谷浩悦，〈湖南變法運動の性格について：保衛局を中心に〉，收入：辛亥革命研究會（編），《中國近現代史論集—菊池貴晴先生追悼論集》（東京：汲古書院，1985），109～137。

48. 蒼石，〈發刊詞〉，《楚南》，第 1 期（長沙，1935 年 6 月 17 日），2，收入：《民國珍稀短刊斷刊・湖南卷》（北京：全國圖書館文獻縮微複製中心，2006），第 3 冊，985。

四、西文部分

1. Charlton M. Lewis, "The Hunanese Elite and the Reform Movement, 1895～1898," Journal of Asian Studies, Vol.29, No.1 （Nov.,1969）, pp. 35～42.

2. D.Eleanor Westney,Imitation and Innovation: the transfer of Western organizational patterns to Meiji Japan,（Cambridge, Mass. : Harvard University Press,1987）.

3. Frank Dikotter, The discourse of race in modern China,（Stanford : Stanford University Press, 1992）.

4. Hao Chang, Chinese Intellectuals in Crisis Search for Order and Meaning, 1890～1911. （Berkeley: University of California Press,1987）.

5. J.G.A.Pocock, Politics,Language and Time:Essays on Political Thought and History,（Chicago:Univeristy of Chicago Press,1989）.

6. Keith Baker, Inventing the French Revolution : essays on French political culture in the eighteenth century ,（Cambridge, New York : Cambridge University Press, 1994）.

7. Noriko Kamachi, Reform in China: Huang Tsun～hsien and the Japanese Model, Cambridge, （MA: Harvard University Press, 1981）.

8. Paul Cohen, China Unbound: Evolving perspectives on the Chinese past,（London and New York: Routledge Curzon,2003）.

9. Rebecca Karl, Rethinking the 1898 reform period : political and cultural change in late Qing China, （MA: Harvard University Press, 2002）.

10. Robert Gildea, The Past in French History,（New Haven and London: Yale University Press,1994）.